みんなが欲しかった！

ファイナンシャル　プランナー
FP

'24-'25年版
'24年6月〜'25年5月
試験対応

お金の専門家

合格への
はじめの一歩

滝澤ななみ [著]

TAC出版
TAC PUBLISHING Group

人生には
「ある日突然」があります

保険のセールスを受け
何も知らないまま
とりあえず
生命保険の契約を
してしまった

親が亡くなった

子どもが自転車で
人にぶつかって
ケガを
させてしまった

老後の生活が
心配になった

解雇された

業務中に
ケガをした

入院することに
なった

お金のことが
モーレツに心配になった

「知らない」と損をしたり こわくて一歩がふみ出せない こともあります

マンションを
購入したいが
知識がないから
こわくて買えない

子どもが生まれて
かわいいが
教育費が心配だ

老後資金が
足りないかも!?
もっと早く準備して
おけばよかった…

個人で事業を
始めたが
「青色申告」を
もっと早く
知っていれば…

そんな税制上の
メリットが
あったとは!

突然の出来事にあわてないためにも
豊かな人生を謳歌するためにも
「お金の基礎知識」を
身につけましょう!

FP試験の知識
＝
お金の基礎知識
です

本書は **FP3級の内容を8割程度カバー** **という本です**

&

身近なお金のキホンが身につく！

著者：滝澤ななみ

ファイナンシャル・プランナー（FP）とは、ヒトコトでいうと「みんなのためのお金の専門家」です。

…とはいえ、FP試験で学習する内容は、私たちが生活する上で必要となるお金の話。だから、専門家でもそうでなくても、勉強していて損のない内容…じゃなくて、もうほんと、人生の必須科目でもいいんじゃないかと個人的には思う内容です。

だけど、一般的なFP試験対策のテキストは試験範囲に沿って、学習する内容は広いし、一般的なお金に関するビジネス書は狭く、深い内容となっていて、なかなか「私の人生に必要なお金の話を全般的に知る基本書」ってないんですよね。だから、「人生で必要となるお金のキホン」と「FP3級で学習する内容のキホン」をガシャッ！と合体させた形でこの本を作りました！

特徴 1 専門家のコメントつき

本書はFP3級の内容をベースにしつつ、どういう場面でおさえておくといい知識かなど、一般の資格書にはない、専門家の視点でのコメントを少し入れています。

「へー」「ふーん」「なるほど」と興味を持って読んでいただけたら幸いです。

「こんなこと知っておくといいかな」と思うことをお伝えします

小難しい税法を少しでも面白く！をモットーにしています

FPの金井さん

税理士の磯部先生

特徴2 「お金ノート」で自分のお金の整理ができる!

どんな本でも、「読んでおしまい!」では身につきません。読んだ内容をやってみてはじめて記憶として残ります。特にお金のことは、みなさん「将来が不安だ、不安だ」といいますが、自分の現状を知っていますか? 現状を知らないと何も対策できませんよね。

そこで、現時点の自分のお金の状況を整理できる「お金ノート」をつけました。

本書の内容に関するトレーニングという位置付けでもあるので、ぜひ活用してみてくださいね。

特徴3 自分の興味のある内容を拾って読める!

本書は1ページ目から読む必要は全くありません。できるだけみなさんの気持ちに寄り添った形でタイトルをつけていますので、タイトルを見て「あ、これ!」と思うものからどうぞ。

特徴4 興味がなくても、こんな人はココ読んで!

本書の内容は「社会人だったら知っておこうね」というものから「財産がいっぱいある人(ご家庭)は読んでおいたほうがいい」というものまで、いろいろです。そこで、どういうときに必要な知識か、どういう時期に読んでおくといいのかといったマークをつけました。このマークに注目して読んでみるのもいいですね。

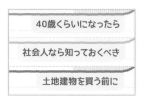

特徴5 FP3級学科試験が解ける!

FP試験は学科試験と実技試験に分かれていますが、本書の内容をマスターすれば十分に学科試験合格レベル(6割)に達します。2024年1月実施のFP3級学科試験から一部(6割)を抜き出して付録につけました。ぜひ解いてみてください。わりと簡単に解けると思いますよ。

FP試験の6科目 & 目次

FPの試験は大きく6科目で構成され、この6科目から学科試験と実技試験が行われます。その6科目（Subject1〜Subject6）と本書の内容（目次）は次のとおり。本書を読むときは、Topicのタイトルを見て、興味を持ったもの、自分に必要そうなものから読むといいと思いますよ。

私は100歳まで
生きるわー！

あかちゃん

幼稚園

小学生

そうだ！
お金に働いて
もらおう！

Subject
3 **金融資産運用**

投資に興味を持っても、その基本を知らないとなかなか手が出せないと思います。
　ここでは預貯金、株式、債券、投資信託など、金融商品の内容や運用方法の基礎のほか、経済や金融の基礎を学びます。

中学生 　　　高校生 　　　大学生

社会人　 結婚　 子ども生まれる　 マイホーム買う

Subject 5　不動産

マイホームを買う！
…とかいうときに
必要な知識

　土地や建物といった不動産は金額も多額になるため、いろいろな法律によってルールが定められています。

　ここでは、不動産の基礎や、民法、借地借家法、宅地建物取引業法、建築基準法など、不動産にかかる法律の基礎を学びます。

子ども育つ

親の介護

自分の老後

もしも、
自分や親が
死亡したら…?

Subject
6　　相続・事業承継

あなたがいま亡くなった場合の法定相続人は誰ですか？　相続税は発生しますか？
人が亡くなると相続が発生します。
　ここでは、相続が発生したときに必要な法律の基礎や、相続税の計算方法のほか、贈与税のしくみ、事業承継などを学びます（本書では事業承継については触れていません）。

別冊　お金ノート

3級FP技能士　2級FP技能士　1級FP技能士

FP資格を知ろう！

AFP　　CFP®

ファイナンシャル・プランニング技能検定（国家資格）

3級 FP技能検定（学科＋実技試験） ▶	3級合格者
2級 FP技能検定（学科＋実技試験） ▶	2級合格者 ＋ AFP認定研修受講＆修了
1級 FP技能検定（学科＋実技試験） ▶	1級合格者

実施機関　金財　日本FP協会

「FP技能検定2級の合格」と「AFP認定研修の修了」がAFP資格の認定要件

FP技能検定3級試験概要

受検資格　特になし

試験日　CBT方式により通年（休止期間を除く）

試験内容　学科試験と実技試験の両方に合格して3級FP技能士を名乗ることができる。学科試験は金財・日本FP協会ともに同一。実技試験は金財と日本FP協会で異なる。

		金財	日本FP協会
学科	出題形式	コンピュータによる問題出題・解答（○×式30問、三答択一式30問の合計60問）	
	試験時間	90分	
	合格基準	6割以上の正答	
実技	出題形式	コンピュータによる問題出題・解答（事例形式5題）	コンピュータによる問題出題・解答（三答択一式20問）
	出題科目	下記のうちから1つ選択・個人資産相談業務・保険顧客資産相談業務	・資産設計提案業務
	試験時間	60分	60分
	合格基準	6割以上の正答	6割以上の正答

FP資格は2種類ある

FP（ファイナンシャル・プランナー）の資格には、国家資格であるFP技能検定1級、2級、3級と、民間資格であるAFP、CFP®があります。

※1　NPO法人日本ファイナンシャル・プランナーズ協会
※2　一般社団法人 金融財政事情研究会

試験実施団体は2団体

FP技能検定は日本FP協会[1]と金財[2]の2団体で行っており、どちらで受検しても合格すればFP技能士の資格を得ることができます。

なお、AFPとCFP®は日本FP協会が認定する資格（一定期間ごとに更新が必要）です。

日本FP協会認定資格（民間資格）

→ **AFP認定者**
↓
| CFP®資格審査試験6課目に合格 | ＋ | CFP®エントリー研修、一定の実務経験など | → **CFP®認定者** |

実施機関 日本FP協会

FP技能検定2級試験概要

受検資格 ❶3級FP技能検定の合格者、❷日本FP協会認定AFP認定研修修了者、❸FP業務に関し2年以上の実務経験を有する者、❹厚生労働省認定金融渉外技能審査3級の合格者

試験日 ペーパー試験は2024年9月、2025年1月（金財は2025年5月も実施）2025年4月1日以降はCBT方式により通年（休止期間を除く）

試験内容 学科試験と実技試験の両方に合格して2級FP技能士を名乗ることができる。金財と日本FP協会で学科試験は同一、実技試験は異なる。

学科	出題形式	マークシート形式（四答択一式60問）	
	試験時間	120分	
	合格基準	6割以上の正答	
実技	出題形式	事例形式5題	記述式40問
	出題科目	下記のうちから1つ選択 ・個人資産相談業務 ・生保顧客資産相談業務 ・中小事業主資産相談業務 ・損保顧客資産相談業務	・資産設計提案業務
	試験時間	90分	90分
	合格基準	6割以上の正答	6割以上の正答
		金財	日本FP協会

受検申請者数、受検者数、合格者数、合格率

2023年
実施分

2023年に実施された試験の受検申請者数、受検者数、合格者数、合格率は次のとおりです。

FP3級（2023年実施分）

受検申請者数（学科）は年間約20万5千人。
合格率は日本FP協会のほうが高い傾向にある。

金財

		受検月	受検申請者数	受検者数	合格者数	合格率
学科 （金財）		2023年1月	29,022	21,923	12,278	56.00%
		2023年5月	23,415	17,297	9,364	54.13%
		2023年9月	24,489	18,314	6,812	37.19%
実技	個人資産 相談業務	2023年1月	10,175	8,479	5,729	67.56%
		2023年5月	7,054	5,984	3,685	61.58%
		2023年9月	7,726	6,562	4,088	62.29%
	保険顧客 資産相談 業務	2023年1月	18,182	12,927	5,178	40.05%
		2023年5月	16,940	11,962	7,048	58.91%
		2023年9月	16,042	11,249	6,221	55.30%

参考 **2023年の年間（1月、5月、9月の3回）の受検申請者数（学科）は76,926人**

日本FP協会

		受検月	受検申請者数	受検者数	合格者数	合格率
学科 （日本FP協会）		2023年1月	48,959	39,839	33,961	85.25%
		2023年5月	42,476	35,568	31,388	88.25%
		2023年9月	37,368	31,431	23,505	74.78%
実技	資産設計 提案業務	2023年1月	47,755	38,633	34,127	88.34%
		2023年5月	41,640	34,759	30,182	86.83%
		2023年9月	37,221	31,130	24,180	77.67%

参考 **2023年の年間（1月、5月、9月の3回）の受検申請者数（学科）は128,803人**

FP2級 (2023年実施分)

受検申請者数(学科)は年間約21万7千人。
実技のほうが学科よりも合格率が高い傾向にある。

金財

	受検月	受検申請者数	受検者数	合格者数	合格率
学科 (金財)	2023年1月	47,555	36,713	10,676	29.07%
	2023年5月	35,898	27,239	4,772	17.51%
	2023年9月	36,884	28,094	6,393	22.75%
実技 個人資産相談業務	2023年1月	16,943	12,487	4,257	34.09%
	2023年5月	13,187	9,827	3,908	39.76%
	2023年9月	12,444	9,065	3,750	41.36%
生保顧客資産相談業務	2023年1月	13,955	9,813	3,131	31.90%
	2023年5月	12,989	9,112	3,572	39.20%
	2023年9月	11,933	8,352	3,355	40.17%
損保顧客資産相談業務	2023年1月	試験の実施なし			
	2023年5月	試験の実施なし			
	2023年9月	346	268	161	60.07%
中小事業主資産相談業務	2023年1月	2,079	1,613	1,016	62.98%
	2023年5月	試験の実施なし			
	2023年9月	1,368	1,005	361	35.92%

損保顧客資産相談業務は毎年9月のみ年1回実施
中小事業主資産相談業務は毎年1月と9月の年2回実施

参考 **2023年の年間(1月、5月、9月の3回)の受検申請者数(学科)は120,337人**

日本FP協会

	受検月	受検申請者数	受検者数	合格者数	合格率
学科 (日本FP協会)	2023年1月	37,352	29,466	16,537	56.12%
	2023年5月	30,511	24,727	12,072	48.82%
	2023年9月	29,220	23,917	12,804	53.54%
実技 資産設計提案業務	2023年1月	31,645	23,994	14,283	59.53%
	2023年5月	27,999	22,167	12,991	58.61%
	2023年9月	26,198	20,892	10,867	52.02%

参考 **2023年の年間(1月、5月、9月の3回)の受検申請者数(学科)は97,083人**

Q 合格するまでの標準学習期間は？

A 3級約1.5カ月、2級約3カ月

全くの初学者が1日90分学習した場合の標準学習期間は3級で約1.5カ月、2級で約3カ月。少し余裕を見て、3級約2カ月、2級約4カ月くらいで考えておくといいでしょう。

Q 金財と日本FP協会のどちらで申し込んだらいい？

A 実技の科目で選ぶ

金財と日本FP協会のどちらで申し込むのかは、受検する実技の科目を決めてから決定しましょう。

受検する実技の科目は、まずは「保険」に注目します。

保険会社に勤務していたり、保険に強くなりたい方は「保険」を選択します。ただし、2級の損保顧客資産相談業務は年1回9月しか実施されません。そのため学習教材も少ないので、学習しづらいと思います。

また、2級の中小事業主資産相談業務についても、受検者数が少ないため、学習教材も少なく、対策がとりづらいという欠点があります。

したがって、受検者数が多く、学習教材がそろっているという面から、特にこだわりがなければ、次のように選択するといいでしょう。

> **3級の場合**
> ❶ 保険会社に勤務しているまたは保険に強くなりたい
> → **保険顧客資産相談業務**(金財)
> ❷ 上記以外の人
> → **個人資産相談業務**(金財) または **資産設計提案業務**(日本FP協会)
>
> **2級の場合**
> ❶ 生命保険会社に勤務しているまたは生命保険に強くなりたい
> → **生保顧客資産相談業務**(金財)
> ❷ 損害保険会社に勤務している
> → **損保顧客資産相談業務**(金財)
> ❸ 上記以外の人
> → **個人資産相談業務**(金財) または **資産設計提案業務**(日本FP協会)

なお、個人資産相談業務(金財)と資産設計提案業務(日本FP協会)では、資産設計提案業務(日本FP協会)のほうが問題数が多いので、部分点が取りやすい出題となっています。

ライフプランニングと資金計画

ライフプランニングとはなにか？

住居費のこと、教育費のこと、老後のこと…

お金にまつわる不安解消の第一歩は

自分のお金と、お金に関する制度を知ること

ここでは主に公的医療保険や公的年金には

どんなものがあるのかを見てみましょう

Topic 1 FPさんに話を聞こうか …ってFPさんってなに?

FPとは

ざっと読もう

FPさんに話を聞こうか …って、そもそもFPさんってなに?

　いつまでに結婚して、いつごろ子どもを産んで、住宅を取得して…といった生涯の人生設計を**ライフプラン**といい、**お客さんのライフプランニングを行うお金の専門家**がファイナンシャル・プランナー(FP)です。

　FPがライフプランニングをするときは、次のような手順で行います。

ライフプランニングの手順

❶ お客さんとの信頼関係を確立する
　　▼
❷ お客さんのデータの収集
　　▼
❸ お客さんの現状を把握、分析
　　▼
❹ 問題解決の対策とプランを立案
　　▼
❺ プランの実行支援
　　▼
❻ プランの見直し

ライフプランを実現する
ための資金計画を
ファイナンシャル
プランニングといいます

お金のことや個人情報、 知られるのはちょっとこわいな…

　FPは、お客さんに適切なライフプランニングを提案するため、収入や支出、資産や負債の状況、家族構成など、お客さんのプライベートな情報を得る必要があります。

そのため、お客さんから信頼される必要があります。

お客さんからの信頼を得るために、FP には、**秘密の保持**や**顧客利益の優先**など、守るべき原則が定められています。

◇秘密の保持

FP は「顧客から得た個人情報を許可なく、ほかの人に漏らしてはいけない」という決まりがあります。

ただし、FP 業務を行うにあたって、ほかの専門家に意見を聞く場合など、必要な場合には、**お客さんの許可を得たうえで**、ほかの人に伝えることができます。

◇顧客利益の優先

FP は「顧客の立場に立って、顧客の利益を優先するようなプランニングをしなければならない」という決まりがあります。とはいえ、お客さんの知識や判断が間違っている場合には、それを修正する必要はあります。

どちらもアタリマエのことですね

FPってお金に関することならなんでもできるの?

FP の業務はさまざまな分野にわたっていますが、税理士や弁護士、保険募集人など、その資格を持っていないとできない業務については、その資格を持っていない FP は行うことができません。

たとえば、税理士でなければ、他人の所得税の確定申告書を作成したり、個人の具体的な税務相談に乗ることはできないので、税理士資格がない FP は、いくら税金の知識があっても、たとえ**無償だとしても**、お客さんの確定申告書を作成したり、具体的な税務相談を受けたりすることはできないのです。

Topic 2 どんなツールを使って プランニングするの?

ライフ プランニングの 3つのツール

とても重要

私の一生、どんなイベントがあって いくらかかるの?

　人の一生における出来事を**ライフイベント**といいます。結婚、子育て、住宅の取得、退職などいろいろなイベントがありますが、各イベントを迎えるにあたって、資金を準備しておく必要があります。

　なかでも、資金が多額になるのが、

❶ **住宅の取得**　←住宅ローンとか

❷ **子どもの教育**　←教育費ですね

❸ **老後**　←年金だけで老後は大丈夫?

住宅　子ども　老後

お金が かかるなぁ…

にかかるお金で、これらに必要な資金を**三大必要資金**といいます。この三大必要資金に注目してライフプランニングを行います。

ライフプランニングを行うさいに 利用するツールはこの3つ

　FPがライフプランニングを行うために利用するツールには、

・**ライフイベント表**　←いつ、どんなイベントがあるかを書き出す

・**キャッシュフロー表**　←将来のお金の流れを見える化する

・**個人バランスシート**　←現時点で資産や負債がどのくらいあるのかを把握する

があります。

◇ライフイベント表

　ライフイベント表は、家族の将来のライフイベントと、それに必要な資金を年ごとにまとめた表です。

ライフイベント表（例）

西暦	2024	2025	2026	2027	2028	2029	2030	2031	2032
家族の年齢									
佐藤太郎様	40	41	42	43	44	45	46	47	48
花子様	39	40	41	42	43	44	45	46	47
桃子様	6	7	8	9	10	11	12	13	14
家族のイベント									
佐藤太郎様				車買換え					
花子様			パート復帰						
桃子様	年長	小学校入学						中学校入学	

来年は小学生かぁ～

◇キャッシュフロー表

　ライフイベント表ができたら、現在の収支を書き込み、将来の収支と将来の貯蓄残高がどのようになるのかを記入します。このときに記入する表がキャッシュフロー表です。

キャッシュフロー表（例）

（単位：万円）

西暦	❸変動率	2024	2025	2026	2027	2028	2029	2030	2031	2032
家族の年齢										
佐藤太郎様		40	41	42	43	44	45	46	47	48
花子様		39	40	41	42	43	44	45	46	47
桃子様		6	7	8	9	10	11	12	13	14
家族のイベント										
佐藤太郎様						車買換え				
花子様				パート復帰						
桃子様			年長	小学校入学					中学校入学	
❶ **収入**										
太郎様の収入	1%	500	505	510	515	520	525	530	535	540
花子様の収入	0%	0	0	80	80	80	80	80	80	80
その他	0%	0	0	0	0	0	0	0	0	0
合　計		500	505	590	595	600	605	610	615	620
❷ **支出**										
基本生活費	1%	240	242	244	246	248	250	253	256	259
住居費	0%	120	120	120	120	120	120	120	120	120
教育費	1%	36	24	24	24	25	25	25	35	35
保険料	0%	18	18	18	18	18	18	18	18	18
車関連	1%	3	3	3	127	3	3	3	3	3
その他	1%	30	30	31	31	31	32	32	32	32
合　計		447	437	440	566	445	448	451	464	467
❹ **年間収支**		53	68	150	29	155	157	159	151	153
❺ **貯蓄残高**	1%	300	371	525	559	720	884	1,052	1,214	1,379

❶ **収　入　欄**……… 給与収入など、収入金額を記入。収入金額は一般的に、年収ではなく、**可処分所得**で記入

可処分所得＝年収－（所得税＋住民税＋社会保険料）

可処分所得は、年収から税金（所得税、住民税）と社会保険料を差し引いた金額です

社会保険料
健康保険料、厚生年金保険料、雇用保険料など
★保険会社に支払う生命保険料は含まない

❷ **支 出 欄**──── 基本生活費、住居費など、支出金額を記入
❸ **変 動 率**──── 変化の割合。給与の場合は昇給率など、基本生活費の場合は物価上昇率など

> ### その年の金額＝前年の金額×（1＋変動率）
>
> 【例】基本生活費の計算（千円以下は四捨五入しています）
> 1年後：240×（1＋0.01）≒242
> 2年後：242×（1＋0.01）≒244
> 3年後：244×（1＋0.01）≒246

試験では
変動率を使った計算が
よく出題されるのですが…

変動率を把握したり
計算するのは大変なので自分の
キャッシュフロー表を作ってみるときは
変動率は0%で計算してみましょう

❹ **年間収支欄**──── 収入合計から支出合計を差し引いて計算

> ### 年間収支額＝収入合計−支出合計

❺ **貯蓄残高欄**──── その年の貯蓄残高

> ### 貯蓄残高＝前年の貯蓄残高×（1＋変動率）±年間収支
>
> 【例】貯蓄残高の計算（千円以下は四捨五入しています）
> 1年後：300×（1＋0.01）+68=371
> 2年後：371×（1＋0.01）+150≒525
> 3年後：525×（1＋0.01）+29≒559

◇個人バランスシート

　個人バランスシートは、一定時点において、現金や預金、車などの資産や、住宅ローンなどの負債がどのくらいあるかを見るための表です。

個人バランスシート（例）

❶ 資 産		❷ 負 債	
普通預金	500万円		
定期預金	200万円	住宅ローン	1,500万円
株式等	100万円	車ローン	60万円
投資信託	50万円		
保険	80万円	負債合計	1,560万円
自宅	2,000万円	❸ 純資産	
車	100万円		1,470万円
資産合計	3,030万円	負債・純資産合計	3,030万円

❶ 資　産……… ・預貯金は**残高**を記入

・株式や投資信託などは**時価**で記入

・保険は**解約返戻金相当額**で記入

・自宅や車は**時価**で記入

時価
現在の価値
→買ったときの
金額ではない

解約返戻金→詳しくは Subject2 で！
いま保険契約を解約したらいくら戻ってくるの
か？という金額。積立タイプの保険には解
約返戻金があるが、掛捨てタイプの保険に
は解約返戻金がないか、あっても少ない

❷ 負　債……… 住宅ローンや車のローンの残高を記入

❸ 純資産……… 資産合計から負債合計を差し引いて記入

純資産＝資産合計－負債合計

純資産：3,030万円－1,560万円＝1,470万円

資料

老後の生活費

生命保険文化センターが行った意識調査によると

夫婦2人で老後生活を送る上で必要と考える
最低日常生活費は月額で23.2万円となっている

また、**ゆとりある老後生活費は月額で37.9万円**となっている

〈生命保険文化センター「生活保障に関する調査」／令和4年度〉

ちなみに
老後の生活費は
このくらいかかる
と考えられます

やってみよう！

「お金ノート」使用
→レッスン 1〜3
ほかレッスン 4〜8 も関係

自分のキャッシュフロー表と
現在の個人バランスシートを作ってみましょう

お手元に通帳や証券口座、保険証券、給与明細、
源泉徴収票などを準備して「お金ノート」に記入
してみましょう

子どもの教育費はTopic5の「資料」を参考に
してみてください

けっこう時間と
手間がかかるので
時間があるときに
やってみましょう

複数の Subject の
内容に関係しているので
本書を読み終えてから
やってもいいですね

Topic 3 将来のお金、いくらになっている？

6つの係数

計算！ 試験ではよく出る！

6つの係数を使って、資金計画を立てる！

ライフプランニングで、「手元資金を運用したときの数年後の金額」や「数年後の目標金額を貯めるための、毎年の積立額」などのマネープランの計算をするとき、以下の6つの係数を用いると便利です。

6つの係数を使って資金計画を立てる！

【例】年利2％で期間5年の係数表

❶ 終価係数	❷ 現価係数	❸ 年金終価係数	❹ 年金現価係数	❺ 減債基金係数	❻ 資本回収係数
1.104	0.906	5.204	4.714	0.192	0.212

これらの係数は年数と利率によって変わりますたとえば終価係数の場合は…

終価係数表

年＼利率	1％	2％	3％	4％	5％	…
1年	1.010	1.020	1.030	1.040	1.050	…
2年	1.020	1.040	1.061	1.082	1.103	…
3年	1.030	1.061	1.093	1.125	1.158	…
4年	1.041	1.082	1.126	1.170	1.216	…
5年	1.051	1.104	1.159	1.217	1.276	…
⋮	⋮	⋮	⋮	⋮	⋮	⋮

❶ 終価係数

現在の金額を複利で運用した場合の、一定期間後の金額を計算するときは**終価係数**を使います。

複利
元本についた利息に対してさらに利息がつく計算方法

【例】100万円を年利2％で運用したときの5年後の金額は？
100万円×1.104＝110万4,000円

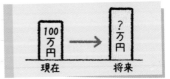

100万円 → ?万円
現在   将来

❷ 現価係数

　一定期間後に一定額となるために必要な現在の金額を計算するときは<ruby>現<rt>げん</rt></ruby>価係数を使います。

> 【例】年利2％で5年後に100万円にするために必
> 要な現在の金額は？
> 100万円×0.906＝90万6,000円

❸ 年金終価係数

　毎年一定額を積み立てていったときに、一定期間後の合計額がいくらになるかを計算するときは**年金終価係数**を使います。

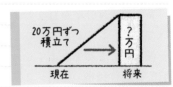

> 【例】年利2％で毎年20万円を5年間積み立てた
> 場合の5年後の金額は？
> 20万円×5.204＝104万800円

❹ 年金現価係数

　将来の一定期間中、毎年一定額を受け取るために必要な現在の金額はいくらかを計算するときは**年金現価係数**を使います。

> 【例】今後5年間にわたって毎年20万円ずつ受け取
> りたい。年利2％のとき、必要な現在の金額は？
> 20万円×4.714＝94万2,800円

❺ 減債基金係数

　一定期間後に、一定額となるために必要な毎年の積立額を計算するときは**減債基金係数**を使います。

> 【例】年利2％で5年後に100万円を用意するため
> に必要な毎年の積立額は？
> 100万円×0.192＝19万2,000円

❻ 資本回収係数

　現在の一定額を、一定期間で毎年同額を取り崩す場合の、毎年の受取額を計算するときは**資本回収係数**を使います。

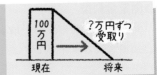

> 【例】100万円を年利2％で運用しながら5年間で
> 取り崩す場合の毎年の受取額は？
> 100万円×0.212＝21万2,000円

Topic 4 マイホームがほしい! 住宅ローンが気になるよね…

住宅取得資金

住宅を買う前に

住宅を買うときに必要な 頭金ってどのくらい準備しておけばいいの?

多くの人は住宅を買うとき、住宅ローンを利用します。最近は頭金がゼロでもローンを利用することができますが、頭金を準備したほうが返済額を減らすことができますし、融資条件がよくなることがあります。頭金の目安は物件価格の1割〜2割程度です。

また、それ以外に登記費用や不動産取得税、登録免許税、印紙税などの税金や、引越し費用などもかかります。これらの諸経費は物件価格の**1割程度**と考えます。

ですから、住宅を買うときには、頭金と諸経費として**物件価格の2割〜3割を準備する**と考えておくとよいでしょう。

住宅ローンの金利のタイプは3種類 特徴をおさえよう!

住宅ローンは借入金の一種なので、借入期間に応じて利息が発生します。

住宅ローンの金利のタイプには、**固定金利型**、**変動金利型**、**固定金利選択型**があります。どのタイプのものがお得かどうかは、将来の金利の動向などによって変わってきます。

◇固定金利型

ローン申込時の金利が最後まで変わらずに適用されるタイプです。

	固定 →

◇変動金利型

市場の金利の変動に応じて金利が変動するタイプです。金利は半年ごとに見直されます。

◇固定金利選択型

当初は固定金利で、一定期間後に固定金利か変動金利を選択するタイプです。

当初の固定金利期間は3年、5年、10年など（金融機関により異なります）から選ぶことができ、一般的に当初の固定金利期間が長いほど金利は高くなります。

住宅ローンの返済方法
返済額と元金、どちらを均等にする?

住宅ローンの返済方法には、**元利均等返済**（がんりきんとうへんさい）と**元金均等返済**（がんきんきんとうへんさい）があります。

◇元利均等返済

毎回の返済額（元金＋利息）が一定となる返済方法です。

返済期間の最初のほうは**利息の部分が大きく**、返済が進むと利息の部分が小さくなります。

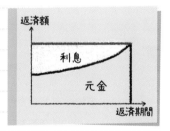

◇元金均等返済

毎回の返済額のうち元金部分が一定となる返済方法です。

返済期間の最初のほうは**返済額が大きく**、返済が進むと返済額が小さくなっていきます。

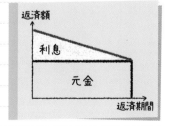

図を見てわかるように、元利均等返済の場合、最初のうちは返済のほとんどが利息部分で、元金の返済が少ない（元金の減るスピードが遅い）ので、元金、返済期間、金利などの条件が同じ場合、元利均等返済よりも**元金均等返済のほうが総返済額が少なくなります。**

フラット35って どんな住宅ローン？

　代表的な住宅ローンに、**フラット35**があります。

　フラット35は、民間の金融機関と住宅金融支援機構が提携し、提供している住宅ローンです。

　その名のとおり、**金利は固定金利**（フラット）です。

　また、**返済期間は最長35年**で、**融資金額は最高8,000万円**となっています。

返済期間は
長く設定できますが
70歳を超えても
ローンが残っていたりすると
いろいろ無理が生じるので

計画的に返済期間を
設定したり
余裕ができたら
繰上げ返済等を利用する
ことを考えましょう

フラット35の主な内容

金利	固定金利（融資実行日の金利を適用）
返済期間	最長35年 ただし、完済時の年齢は80歳以下でなければならない
融資金額	最高8,000万円 購入価額（または建設資金）の100％まで
融資条件	・本人または家族が住むための住宅であること ・申込日現在、満70歳未満であること
その他の特徴	・保証人や保証料は不要 ・繰上げ返済の手数料は無料

資金的な余裕ができたら 繰上げ返済を検討しよう!

繰上げ返済とは、住宅ローンの返済期間中に、元金の一部または全部を返済してしまうことをいいます。

繰上げ返済を行うことにより、住宅ローンの元金が減るので、利息も減り、トータルの返済額を減らすことができます。繰上げ返済の方法には、**返済期間短縮型**と**返済額軽減型**があります。

◇返済期間短縮型

毎回の返済額を変えずに返済期間を短縮する方法です。

返済額軽減型に比べて**利息の軽減効果が大きく**なります。

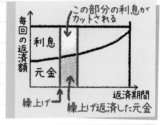

◇返済額軽減型

返済期間を変えずに毎回の返済額を減らす方法です。

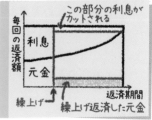

一家の大黒柱が死亡した! 残ったローン、誰が払うの?

住宅ローンに**団体信用生命保険**という保険を付しておくと、住宅ローンの返済中に、ローンの返済者が死亡または高度障害になってしまったとき、その時点の住宅ローン残高を保険金で肩代わりしてくれます。

そのため、遺族はその後の住宅ローンを支払う必要がなくなり、安心です。

Topic 5 子どもが生まれた! 教育費の準備はどうすれば?

教育資金

家庭を持ったとき

事前に積み立てたり、進学時に借りたり…

子どもの教育にかかる費用を準備する方法には、**こども保険、教育ローン、奨学金制度**などがあります。

◇ こども保険 (学資保険)

教育費を準備するための保険商品として、**こども保険 (学資保険)** が保険会社等から販売されています。

こども保険に加入しておくと、まとまった教育費が必要なときに、あらかじめ決めた金額を受け取ることができます。

こども保険は契約者である親が死亡した場合、死亡後の保険料の支払いが免除され、入学祝い金や満期保険金等が受け取れるという特徴があります。また、親の死亡後、保険期間の終了時まで育英年金として年金が支払われるタイプのものもあります。

◇ 教育ローン

教育ローンには、公的ローンと民間ローンがあり、公的ローンの主なものに **教育一般貸付** があります。

教育一般貸付の融資限度額は、学生 1 人につき**最高 350 万円**(海外留学等一定の場合は**最高 450 万円**)、返済期間は原則として**最長 18 年**となっています。また、子どもの数により、世帯の年収制限が設けられています。

教育一般貸付の主な内容

融資限度額	学生1人につき最高350万円（海外留学等一定の場合は最高450万円）
返済期間	最長18年
金利	固定金利
融資元	日本政策金融公庫

◇奨学金制度

　有名な奨学金制度に、日本学生支援機構が行う**第一種奨学金**と**第二種奨学金**があります。どちらも返済義務があるもの（貸与型）ですが、**第一種奨学金は利息なし、第二種奨学金は利息あり**となっています。

日本学生支援機構の奨学金制度（貸与型）

	第一種	第二種
利息	なし	あり（ただし、在学中は無利息）
返済期間	貸与額、返済方法によって異なる	

ちなみに
第二種奨学金のほうが
本人の学力や家計の収入等の
基準がゆるく設定されています

　また、経済的な理由で大学・短大・高専・専門学校への進学をあきらめないよう、主に低所得者世帯に対する**高等教育の修学支援新制度**（給付型）もあります。支援内容は次のとおりです。

❶ **授業料と入学金の減額または免除**　←これは各大学等が行う

❷ **給付型奨学金の支給**　←これは日本学生支援機構が行う

　　　　　　給付額は大学等の種類、自宅通学かどうかによって異なる

資料

子ども1人あたりにかかった1年間の教育費

| | 幼稚園 | | 小学校 | | 中学校 | | 高等学校
（全日制） | |
	公立	私立	公立	私立	公立	私立	公立	私立
学習費 総額	165,126	308,909	352,566	1,666,949	538,799	1,436,353	512,971	1,054,444
うち 学校教育費	61,156	134,835	65,974	961,013	132,349	1,061,350	309,261	750,362
うち 学校給食費	13,415	29,917	39,010	45,139	37,670	7,227	—	—
うち 学校外活動費	90,555	144,157	247,582	660,797	368,780	367,776	203,710	304,082

〈文部科学省「子供の学習費調査」／2021（令和3）年度〉

いけるところまで
公立で行ってね!!

？

教育費の必要額は
公立か私立かによって
大きく異なります

やってみよう！

ここで、住宅ローンや教育ローン、
自動車ローンなど、
ローンや借入金の状況を「お金ノート」にまとめておきましょう

ついでに土地、建物、車などの不動産等についても
「お金ノート」にまとめておきましょう

「お金ノート」使用
→レッスン 8、7

ローンや借入金は
個人バランスシート
における「負債」の内容
ですね

Topic 6 病院に行くときに持っていく保険証。これで医療費はいくらになるの?

公的医療保険

社会人なら知っておくべき

そもそも日本って国は どんな社会保険を用意してくれているの?

日本の社会保険制度には、**公的医療保険、公的介護保険、公的年金保険、労災保険、雇用保険**の 5 つの分野があります。

これについて
順番に見て
いきますね!

保険証を持っていると原則「3割負担」 …ってなに?

私たちが病気やケガをして病院を受診したとき、保険証を出せば医療費の一部を公的な機関が負担してくれます。これを**公的医療保険制度**といいます。日本では、国民全員が何らかの公的医療保険に加入しています。

任意で保険会社が扱う保険に
加入することがありますが
こちらは「私的保険」とか
「民間保険」といいます

公的医療保険には、

・**健康保険** ←会社員とその家族が対象
・**国民健康保険** ←自営業者や定年退職者等とその家族が対象
・**共済組合** ←公務員等とその家族が対象
・**後期高齢者医療制度** ← 75 歳以上の人が対象

があります。

　なお、保険の対象となっている人を**被保険者**、保険制度の運用主体のことを**保険者**といいます。
　また、一定の要件を満たした被保険者の扶養家族を**被扶養者**といいます。

被扶養者（健康保険の場合）
日本に住んでいる人で、年収が 130 万円未満（60 歳以上または障害者については 180 万円未満）、かつ、被保険者の年収の 2 分の 1 未満の生計同一家族
　　　　→同じサイフの

年収が 130 万円以上になると原則として扶養から外れてしまうのでパートやアルバイトをするときなどは気をつけましょう

ちなみに所得税では扶養控除や配偶者控除等の対象となる年収の額は 103 万円以下です

年収が 103 万円を超えると所得税で扶養から外れてしまうので親や配偶者の扶養内で働くならば「年収 103 万円以下」を基準に考えるといいでしょう

扶養の範囲で働きたいんです！

会社員が加入する保険 〜健康保険（けんぽ）〜

　健康保険は、会社員とその家族が対象で、労災保険（Topic 8）の対象とならない病気やケガ、死亡、出産について、保険給付を行う（給付金や保険金を支払う）制度です。

　健康保険の保険者には、

・**協会けんぽ**　←保険者＝全国健康保険協会　被保険者＝主に中小企業の会社員
・**組合健保**　←保険者＝健康保険組合　　　被保険者＝主に大企業の会社員

があります。　　保険者…保険制度の運用主体　　被保険者
　　　　　　　　　保険給付を行う人　　　　　保険給付の対象となる人

◇保険料

　　　　　　　　　　　　　　　　　　給料　　　ボーナス
　保険料は、被保険者（会社員）の標準報酬月額と標準賞与額に保険料率を掛けて計算し、その金額を会社と被保険者（会社員）で**半分ずつ負担**します。

◇健康保険の主な保険給付

　健康保険の主な保険給付には、次のものがあります。

・**療養の給付**（＆家族療養費）
・**高額療養費**
・**出産育児一時金**（＆家族出産育児一時金）
・**出産手当金**
・**傷病手当金**
・**埋葬料**（＆家族埋葬料）

健康保険の主な保険給付

療養の給付 (家族療養費)	業務外の病気やケガをして、診察等の医療行為を受けるときにその医療費について支給される →簡単にいうと、保険証を持って病院の窓口で自己負担分だけ支払えば診察等をしてもらえるということ! **自己負担割合** 70歳以上75歳未満　2割(現役並み所得者は3割) 70歳未満　3割 未就学児　2割 乳幼児や小学生までは医療費が無料になるケースがあるがこれは各自治体の補助によるもの
高額療養費	1カ月間の医療費の自己負担額が一定額を超えたとき、その超過額が支給される　　　　　→自己負担限度額は次ページ
出産育児一時金 (家族出産育児 一時金)	被保険者(会社員)または被扶養者(妻)が出産した場合、1児につき50万円(産科医療補償制度に加入している病院等で出産した場合)が支給される
出産手当金…★	被保険者(会社員)が、出産のため仕事を休み、給与が支給されない場合に、出産前の42日間(多胎妊娠の場合は98日間)、出産後56日間のうちで仕事を休んだ日数分の金額が支給される　　　　　　　　　　　　　　→支給額の計算式は下記
傷病手当金…★	被保険者(会社員)が、病気やケガを理由に会社を3日以上続けて休み、給料が支給されない場合に、休んだ4日目から通算して1年6カ月間支給される　　　　　→支給額の計算式は下記
埋葬料 (家族埋葬料)	・被保険者(会社員)が死亡したとき、葬儀をした家族に対し、5万円が支給される ・被扶養者が死亡したときは、被保険者(会社員)に5万円が支給される

国民健康保険にも同様の給付がありますが
★出産手当金と★傷病手当金は
国民健康保険にはありません

出産手当金と傷病手当金の1日あたりの支給額

$$1日あたりの支給額 = \frac{支給開始以前12カ月間の標準報酬月額の平均額}{} \div 30日 \times \frac{2}{3}$$

高額療養費の自己負担限度額（70歳未満）

標準報酬月額	自己負担限度額
83万円以上(81万円以上)	252,600円＋（総医療費－842,000円）×1%
53万円〜79万円 (51.5万円以上81万円未満)	167,400円＋（総医療費－558,000円）×1%
28万円〜50万円 (27万円以上51.5万円未満)	80,100円＋（総医療費－267,000円）×1%
26万円以下(27万円未満)	57,600円
住民税非課税者	35,400円

※（　）内は報酬月額を表す

一般的な所得者の場合
「28万円〜50万円」の区分に
なるかと思います

仮に標準報酬月額が28万円の人が
入院・手術等をして月額の総医療費が150万円
かかった場合、高額療養費の自己負担限度額は
80,100円＋（1,500,000円－267,000円）×1%＝92,430円
となるので92,430円までの負担ですむのです

病気で入院・手術をしたとき、多額の医療費がかかるので、
それに備えて私的保険の加入を検討すると思いますが、
上記のように公的医療保険でも、自己負担額の上限があるので、
こういったこともふまえて私的保険の加入、内容の検討
をするといいと思いますよ

標準報酬月額
社会保険料や給付額を簡単に
計算するために、実際の給与額
をある程度の幅に区切った仮の
報酬額のこと

ちなみに3割負担の場合、窓口で
1,500,000円×3割＝450,000円
を支払うことになるので、あとで差額
450,000円－92,430円＝357,570円
を高額療養費として返金してもらえます

…という内容の問題が
試験でたまに出題される
のですが…

実際には
事前に入院等がわかっていれば
あらかじめ申請して「限度額適用認定証」
をもらって、それを提出すると
病院の窓口での支払いは
自己負担限度額までとなります

なお、高額療養費の計算は
「その月の1日から月末まで」
で行います
ですから、月をまたいだ場合
自己負担限度額が高くなります

たとえば、同じ「総医療費150万円」でも
7月中の入院・手術であれば
前ページのように自己負担限度額は92,430円ですが
7月分が100万円、8月分が50万円だとすると
7月の自己負担限度額：
80,100円＋（1,000,000円－267,000円）×1％＝87,430円
8月の自己負担限度額：
80,100円＋（500,000円－267,000円）×1％＝82,430円
となり、自己負担限度額の合計は169,860円
となってしまうのです
だから、急を要しない入院・手術だったら
同月内におさまるように病院側と相談
してみるといいかもしれませんね

◇健康保険の任意継続被保険者

　被保険者（会社員）が会社を退職した場合、健康保険から外れますが、

・健康保険に継続して2カ月以上加入しており

・退職後20日以内に申請すれば

退職後2年間、退職前の健康保険に継続して加入することができます。
　この場合の保険料は被保険者が全額自己負担します。

会社員や公務員でない人は市区町村の保険に加入 ～国民健康保険（こくほ）～

　健康保険などの適用を受けない自営業者や未就業者（定年退職者等）は、国民健康保険に加入します。
　国民健康保険の保険者は、都道府県と市区町村が共同で保険者となるものと、国民健康保険組合が保険者となるものがあります。

◇保険料

　保険料は、市区町村によって異なり、前年の所得等によって計算されます。

◇国民健康保険の給付内容

国民健康保険の給付内容は健康保険（P.22）とほぼ同じですが、一般的に出産手当金や傷病手当金はありません（任意給付となっています）。

75歳以上の人が対象となる保険 ～後期高齢者医療制度～

75歳以上（または障害認定を受けた65歳以上75歳未満）になると、**後期高齢者医療制度**の対象となります。

後期高齢者医療制度の窓口での自己負担割合は**原則1割**ですが、現役並み所得者以外の一定以上所得者は2割、現役並み所得者は3割となっています。

◇保険料

保険料は、各都道府県の後期高齢者医療広域連合で決定され、**保険料の徴収は市区町村が行います**。また、保険料は原則として、**年金からの天引き**で徴収されます（年額18万円以上の年金受給者で一定の場合）。

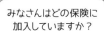
みなさんはどの保険に
加入していますか？

私は自営業者なので
「国保」です
毎年6月頃に市から
「保険料決定通知」が送付され
それにしたがって
保険料の納付をしています

Topic 7

40歳になったら保険料が増えた! 介護保険ってなに?

公的介護保険

40歳くらいになったら

歳をとって介護が必要となった! そんなときのために…

介護が必要と認められたときに、必要な給付がされる制度が**介護保険**です。

公的介護保険の保険者は**市区町村**で、被保険者は**40歳以上**の人です。なお、

・65歳以上の人を第1号被保険者
・40歳以上65歳未満の医療保険加入者を第2号被保険者

といいます。

公的介護保険の概要

	第1号被保険者	第2号被保険者
対象者	65歳以上の人	40歳以上65歳未満で医療保険に加入している人
保険料	市区町村が所得に応じて決定(年額18万円以上の年金受給者は年金から天引きで納付)	医療保険料と一緒に徴収
受給要件	原因を問わず、要介護者、要支援者となった場合	加齢に起因する疾病(特定疾病)によって要介護者、要支援者となった場合に限定
自己負担	原則1割(一定以上の所得の人は2割または3割)ケアプランの作成費用は無料(すべて介護保険でまかなってくれる)	

第2号被保険者は、末期がんや関節リウマチなど、加齢に起因する疾病によって要介護または要支援認定を受けたときに介護サービスを受けることができます。

要介護…1～5の5段階
要支援…1、2の2段階

Topic 8

イテテッ！
仕事中に骨折してしまった！

労働者災害
補償保険

社会人なら知っておくべき

仕事中や通勤時に病気やケガをしたときの給付
〜労働者災害補償保険（労災保険）〜

労災保険は、仕事中や通勤途上で起きた労働者の病気、ケガ、障害、死亡等に対して保険給付が行われる制度です。

・仕事中に起きた病気、ケガ、障害、死亡等を**業務災害**

・複数の会社の業務を要因として起きた　←ダブルワーカーで睡眠不足が原因とか
病気、ケガ、障害、死亡等を**複数業務要因災害**

・通勤途上で起きた病気、ケガ、障害、死亡等を**通勤災害**

といいます。

なお、通勤の途中で寄り道をした場合には、そのあと正規のルートに戻ったとしても通勤途上とは認められません。

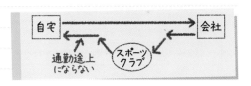

ただし、帰り道にスーパーに立ち寄るなど、**日常生活を送るにあたって必要な寄り道をした場合には、寄り道後、正規のルートに戻ったあとは通勤途上**と認められます。

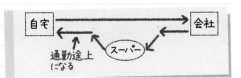

労災保険の対象者は、正社員のほか、アルバイト、パート、日雇い労働者、外国人労働者などを含む**すべての労働者**で、原則として1人以上の労働者を使用する事業所は加入しなければなりません。

社長や取締役は
労働者ではないので
労災保険の対象外です

労災保険の**保険料は全額事業主が負担**します。

また、主な給付内容（業務災害の場合）は次のとおりです。

労災保険（業務災害の場合）の給付内容

療養補償給付	ケガや病気をして、労災病院等で療養を受けるときに無料で治療を受けられたり、治療費が給付される
休業補償給付	ケガや病気で休業して賃金を受けられない場合、4日目から給付基礎日額の60％が給付される
傷病補償年金	療養開始後1年6カ月を経過しても治っていない場合で一定の傷病等級に該当するときに、傷病の等級に応じて給付される
障害補償給付	ケガや病気が治って、障害が残ったときに給付される
介護補償給付	障害補償年金や傷病補償年金を受けている人で、一定の障害によって現に介護を受けているときに給付される
遺族補償給付	労働者が死亡したときに遺族に対して給付される
葬祭料	死亡した労働者の葬儀を行うときに葬儀を行う人に給付される

中小事業主や一人親方などは「労働者」ではないけど、特別に加入できる制度がある！

社長や役員、自営業者は、労働者ではないので労災保険の対象となりませんが、一定の場合には労災保険に任意に加入することができる制度（**特別加入制度**）があります。

Topic 9 会社を辞めた! 次の仕事が見つかるまで、お金どうしよう…

雇用保険

社会人なら知っておくべき

失業給付や再就職の支援のほか、能力開発も支援する! ～雇用保険～

雇用保険は、労働者が失業した場合の失業給付や再就職の支援、労働者の能力開発を行うための制度です。

雇用保険の対象者は、**すべての労働者**で、**保険料は会社と労働者で負担**します。

折半(半分ずつ)ではなく事業主が多く支払うようになっています

主な雇用保険の給付には、次のようなものがあります。

・**基本手当**（求職者給付）
・**教育訓練給付**
・**雇用継続給付**
・**育児休業給付**

いわゆる「失業保険」とよばれるもの ～基本手当(求職者給付)～

基本手当は、一般的に**失業**保険とよばれるもので、**離職前2年間に雇用保険の被保険者期間が通算12カ月以上ある失業者**（働く意欲と能力はあるが、失業している人）に対して給付されます。

なお、**倒産、解雇等による離職の場合には、離職前1年間に被保険者期**

間が通算**6カ月以上**あれば給付の対象となります。

　また、求職の申込みを行った日から7日間は**待期期間**（この期間は給付されない）があり、さらに自己都合退職の場合には、**原則2カ月間の給付制限**があります。

基本手当の概要

受給要件	離職前2年間に被保険者期間が通算12カ月以上 （倒産、解雇等の場合は離職前1年間に被保険者期間が通算6カ月以上）
待期期間	7日間
給付制限	自己都合退職の場合は、7日間の待期期間に加えて、原則2カ月間（5年のうち2回まで。5年のうち3回目以降は3カ月間）の給付制限がある
給付額	離職前6カ月間の賃金日額（＝離職前6カ月間の賃金総額÷180日）の45％〜80％
給付日数	❶ 自己都合、定年退職の場合：90日〜150日 ❷ 倒産、解雇等の場合：90日〜330日

❶ 自己都合、定年退職の場合の給付日数

年齢＼被保険者期間	10年未満	10年以上20年未満	20年以上
全年齢	90日	120日	150日

❷ 倒産、会社都合の解雇等の場合の給付日数

年齢＼被保険者期間	1年未満	1年以上5年未満	5年以上10年未満	10年以上20年未満	20年以上
30歳未満	90日	90日	120日	180日	—
30歳以上35歳未満	90日	120日	180日	210日	240日
35歳以上45歳未満	90日	150日	180日	240日	270日
45歳以上60歳未満	90日	180日	240日	270日	330日
60歳以上65歳未満	90日	150日	180日	210日	240日

労働者の能力開発を補助する!
～教育訓練給付～

　教育訓練給付は、労働者が厚生労働大臣の指定した講座を受講して、修了した場合に、受講費用の一部が支給される制度で、**一般教育訓練給付金、特定一般教育訓練給付金、専門実践教育訓練給付金**があります。

教育訓練給付の概要

	給付要件	給付額
一般 教育訓練 給付金	・雇用保険の被保険者期間が3年以上 （初めての受給の場合は1年以上） ・厚生労働大臣指定の一般教育訓練を受講・修了	受講料等の20％相当額 （上限は10万円）
特定一般 教育訓練 給付金	・雇用保険の被保険者期間が3年以上 （初めての受給の場合は1年以上） ・厚生労働大臣指定の特定一般教育訓練を受講・修了	受講料等の40％相当額 （上限は20万円）
専門実践 教育訓練 給付金	・雇用保険の被保険者期間が3年以上 （初めての受給の場合は2年以上） ・厚生労働大臣指定の専門実践教育訓練を受講・修了	・受講料等の50％相当額 　（上限は年間40万円） 　（給付期間は最長3年間） ・資格取得の上、就職につながったらプラス20％ 　（上限は年間16万円）

	給付要件	給付額
教育訓練 支援給付金	専門実践教育訓練給付金を受給できる人で、45歳未満の離職者など	受講期間中、雇用保険の基本手当相当額の80％

特定一般教育訓練
速やかな再就職および早期のキャリア形成
に資する教育訓練
【例】　大型自動車第一種免許
　　　　介護職員初任者研修など

キャリアアップ！

高齢の人や介護をしている人をサポートする!
～雇用継続給付～

雇用継続給付は、高齢者や家族を介護している人に対して給付が行われる制度で、**高年齢雇用継続給付**と**介護休業給付**があります。

◇高年齢雇用継続給付

60歳を超えても仕事をしたい人は増えていますが、高齢になると再就職が難しくなったり、再就職したさいの賃金も低下することが多いです。そのような60歳から65歳までの賃金の低下を補うための制度が高年齢雇用継続給付です。

高年齢雇用継続給付は、

・高年齢雇用継続基本給付金 ←60歳以降も継続して雇用されている人がもらえる
・高年齢再就職給付金 ←基本手当を受給後、60歳以降で再就職した人がもらえる

の2つがあります。

高年齢雇用継続給付の概要

	高年齢雇用継続基本給付金	高年齢再就職給付金
給付要件	・雇用保険の被保険者期間が5年以上ある ・60歳以上65歳未満の被保険者である ・60歳以降の賃金が60歳到達時の75％未満である	
対象者	60歳以降も雇用されている人	基本手当を受給後、60歳以降に再就職した人（基本手当の支給残日数が100日以上ある人）
給付額	各月の賃金の最大15％相当額（賃金の低下率が61％以下の場合）	

◇介護休業給付

　家族を介護するために休業した場合で、一定の要件を満たしたときは、3回に限り、93日分を限度として休業前賃金日額の **67%相当額** が介護休業給付金として支給されます。

> 一定の要件とは？
> 介護休業開始前2年間に被保険者期間が12カ月以上あることなど

育児で休業中のママさん、パパさんを支援！ ～育児休業給付～

　原則として **満1歳未満の子** （一定の場合は **1歳6カ月未満または2歳未満の子も対象**）を養育するために育児休業を取得した場合で一定の要件を満たしたときは、休業前賃金日額の **67%相当額** （6カ月経過後は **50%相当額**）が **育児休業給付金** として支給されます。

ただいま 育休中

> 一定の要件とは？
> 育児休業開始前2年間に被保険者期間が12カ月以上あることなど

　また、子の出生日から8週間経過日の翌日までの期間内に、4週間（28日）以内の期間を定めて、子を養育するため出生時育児休業を取得した場合で一定の要件を満たしたときは、休業前賃金日額の **67%相当額** が **出生時育児休業給付金** として支給されます（**28日分** が上限）。

> 出生時育児休業
> 産後パパ育休ともいう。子が生まれてから8週間以内の期間に、育児休業とは別に取得することができるパパの育児休業

Topic 10 「年金問題」とか聞くけど、そもそも年金ってなに？

年金制度

社会人なら知っておくべき

1階…基礎年金（国民年金）
2階…厚生年金保険…の2階建て構造

　日本の公的年金保険制度は、20歳以上の人はすべて加入する**国民年金**（**基礎年金**）に、会社員や公務員等が加入する**厚生年金保険**が乗った、2階建て構造をしています。

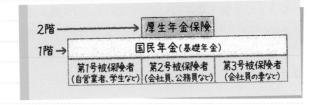

　公的年金制度からの主な給付は、

・**老齢給付**　←老後にもらえる

・**障害給付**　←一定の障害者となったらもらえる

・**遺族給付**　←被保険者が死亡したら（残された遺族が）もらえる

の3つがあり、国民年金のみに加入している場合には基礎年金のみを、厚生年金保険にも加入している場合には基礎年金と厚生年金を受け取ることができます。

	老齢給付	障害給付	遺族給付
厚生年金保険	老齢厚生年金	障害厚生年金	遺族厚生年金
国民年金	老齢基礎年金	障害基礎年金	遺族基礎年金

20歳になったら全員加入の国民年金
被保険者は3種類に分けられる！

　国内に住所がある **20 歳以上 60 歳未満**の人は、全員、国民年金に加入しなければなりません（**強制加入被保険者**）。

　上記以外の人は国民年金の加入義務はありませんが、たとえば 60 歳以上の人が年金受給額を満額に近づけるために、任意で国民年金に加入することもできます（**任意加入被保険者**）。

　強制加入被保険者は第 1 号から第 3 号の 3 種類に分けられます。

国民年金の被保険者

	第1号被保険者	第2号被保険者	第3号被保険者
対象者	第2号、第3号被保険者以外の人 ・自営業者 ・学生 ・無職　など	厚生年金保険に加入している人 ・会社員 ・公務員	第2号被保険者の被扶養配偶者 ・専業主婦　など
年齢要件	あり （20歳以上60歳未満）	原則なし	あり （20歳以上60歳未満）

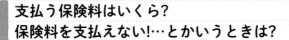

第 2 号被保険者は年齢要件がないので 16 歳でも会社員なら国民年金の第 2 号被保険者となります

支払う保険料はいくら？
保険料を支払えない！…とかいうときは？

　国民年金の保険料は、被保険者の種類によって異なります。

　第 1 号被保険者の国民年金保険料は**月額 16,980 円**（2024 年度）です。

　第 2 号被保険者は厚生年金保険から国民年金保険料が拠出されるので、国民年金保険料を別途納付する必要はありません。

　第 3 号被保険者は国民年金保険料の負担はありません。

国民年金の保険料

	第1号被保険者	第2号被保険者	第3号被保険者
保険料	国民年金保険料 月額16,980円 （2024年度）	厚生年金保険料 【毎月】 標準報酬月額×18.30% 【賞与】 標準賞与額×18.30%	国民年金保険料 の負担はなし
ポイント	保険料の免除、猶予がある	保険料は事業主と労働者が半分ずつ負担（労使折半）	－

◇ 保険料の納付期限

国民年金の保険料は、原則として**翌月末日**までに納付しなければなりません。また、**前納制度**（6カ月前納、1年前納、2年前納）もあります。前納にすると、保険料の割引きがあります。さらに、事前に申込みをしておけば、**口座振替**や**クレジットカードによる納付**も可能です。なお、**口座振替の場合には当月末日**の引き落としを選択することができます（当月末日振替を選択すると保険料の割引きがあります）。

もし、保険料を滞納した場合には、**2年以内**であれば、あとから納付することもできます。

◇ 保険料の免除と猶予

失業や収入の減少等によって、保険料の納付が困難となった場合、**第1号被保険者については**、保険料を免除したり、猶予したりする制度（次ページ）があります。

法定免除と申請免除を受けた期間は、老齢基礎年金の額を計算するさい、免除期間の一部（2分の1など）が反映されますが、学生納付特例期間と納付猶予期間については、追納しない場合には、年金額に反映されません。

なお、**産前産後の免除期間については追納しなくても保険料納付済期間とされます**。

保険料の免除と猶予（第1号被保険者のみ）

	対象者	年金額への反映
法定免除	・障害基礎年金を受給している人 ・生活保護法の生活扶助を受けている人 →届出によって保険料の全額が免除される	あり （免除月数×$\frac{1}{2}^{*}$）
申請免除	経済的な理由などで保険料を納付することが困難な人（本人、世帯主、配偶者の所得が一定以下の人） →申請し、認められれば保険料の全額または一部（4分の3、半額、4分の1）が免除される	あり （反映される割合は P.39参照）
産前産後期間の免除制度	第1号被保険者で、出産した人 →出産予定日または出産日の属する月の前月から4カ月間の保険料が免除される （多胎妊娠の場合は、出産予定日または出産日の属する月の3カ月前から6カ月間の保険料が免除される）	あり （免除月数は 納付済月数に含む） 追納しなくても 反映される！
学生納付特例制度	本人の所得が一定以下の学生 →申請によって保険料の納付が猶予される	なし （追納しなかった場合）
納付猶予制度	50歳未満で、本人および配偶者の所得が一定以下の人 →申請によって保険料の納付が猶予される	

※　2009年4月以降の免除期間分

猶予
納付を先延ばしにすること

◇保険料の追納

　免除または猶予を受けた期間の保険料は、**10年以内**であればあとから納付（追納）することができます。

追納するなら
お早めに！

　なお、免除または猶予を受けた期間の翌年度から起算して3年度目以降に追納する場合には承認を受けた当時の保険料額に経過期間に応じた加算額が上乗せされます。

Topic 11 老後のお金が心配だ。年金っていつから、いくらもらえるの?

老齢年金

老後を考えたとき

老後の生活をささえるために…
〜老齢給付〜

老齢給付には、**老齢基礎年金**（1 階部分）と**老齢厚生年金**（2 階部分）があります。

	老齢給付	障害給付	遺族給付
厚生年金保険	老齢厚生年金	障害厚生年金	遺族厚生年金
国民年金	老齢基礎年金	障害基礎年金	遺族基礎年金

65歳からみんながもらえる
〜老齢基礎年金〜

国民年金の老齢基礎年金は、**受給資格期間が 10 年以上ある人が 65 歳**になったときから受け取ることができます。

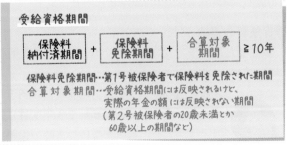

受給資格期間

保険料納付済期間 ＋ 保険料免除期間 ＋ 合算対象期間 ≧10年

保険料免除期間…第1号被保険者で保険料を免除された期間
合算対象期間…受給資格期間には反映されるけど、
　　　　　　　実際の年金の額には反映されない期間
　　　　　　　（第2号被保険者の20歳未満とか
　　　　　　　　60歳以上の期間など）

◇老齢基礎年金の年金額

老齢基礎年金の年金額は 816,000 円（2024 年度。1956 年 4 月 2 日以降生まれの人の満額）です。

　この「816,000円」は満額の場合であり、免除期間等がある人はこの金額よりも少なくなります。

　免除期間等がある場合の年金額は次の計算式で求めます。

なお、1956年4月1日以前生まれの場合は813,700円（満額）です

以下、本書では1956年4月2日以降生まれの人の金額で説明します

老齢基礎年金額 = ❶ + ❷

❶ 2009年3月分まで

816,000円 × $\dfrac{\text{保険料納付済月数} + \text{全額免除月数} \times \dfrac{1}{3} + \dfrac{3}{4}\text{免除月数} \times \dfrac{1}{2} + \text{半額免除月数} \times \dfrac{2}{3} + \dfrac{1}{4}\text{免除月数} \times \dfrac{5}{6}}{480月（40年 \times 12 カ月）}$

❷ 2009年4月分から

816,000円 × $\dfrac{\text{保険料納付済月数} + \text{全額免除月数} \times \dfrac{1}{2} + \dfrac{3}{4}\text{免除月数} \times \dfrac{5}{8} + \text{半額免除月数} \times \dfrac{3}{4} + \dfrac{1}{4}\text{免除月数} \times \dfrac{7}{8}}{480月（40年 \times 12 カ月）}$

◇繰上げ受給と繰下げ受給

　老齢基礎年金は、原則として65歳から受給できますが、65歳よりも早く（60歳から64歳の間に）受給を開始（**繰上げ受給**）することもできますし、65歳よりも遅く（66歳から75歳の間に）受給を開始（**繰下げ受給**）することもできます。

　なお、繰上げ受給や繰下げ受給をした場合は、

・1カ月繰り上げるごとに 0.4%が年金額から減算

3年繰り上げて62歳から受給した場合
0.4% × 36カ月（3年 × 12カ月）= 14.4%
→年金額は14.4%減額される

・1カ月繰り下げるごとに 0.7%が年金額に加算

10年繰り下げて75歳から受給した場合
0.7% × 120カ月（10年 × 12カ月）= 84%
→年金額は84%増額される

されます。

ちなみに
繰上げと繰下げは
どちらがお得か
というと…

長生きするなら
繰下げがお得
といわれています

◇付加年金

付加年金は第1号被保険者のみの制度で、**月額400円の付加保険料を国民年金保険料に上乗せして納付すると、「200円×付加保険料の納付月数」が老齢基礎年金に加算される**制度です。

会社員や公務員だった人は上乗せでコレも受け取れる！ ～老齢厚生年金～

厚生年金保険から支給される老齢厚生年金には、

・60歳から64歳までに支給される特別支給の老齢厚生年金
・65歳以上に支給される老齢厚生年金

があります。

老齢厚生年金の概要

	特別支給の老齢厚生年金	老齢厚生年金
支給開始年齢	60歳から64歳	65歳
受給要件	老齢基礎年金の受給資格期間（10年以上）を満たしていること	
	厚生年金保険の加入期間が1年以上	厚生年金保険の加入期間が1カ月以上

◇特別支給の老齢厚生年金

　もともと厚生年金保険の支給開始年齢は 60 歳だったのですが、昭和 60 年の改正で支給開始年齢が 65 歳に引き上げられました。そのため、当面の間、混乱を避けるために支給開始年齢を生年月日によって段階的に引き上げていく制度（特別支給の老齢厚生年金）が設けられました。

> 急に 65 歳にすると
> 「えー！来年（60 歳）から
> もらえるはずだったのに…」
> と困る人がいるからです

　特別支給の老齢厚生年金は、**定額部分**と**報酬比例部分**があり、はじめに定額部分から支給開始年齢の引上げが行われ、次に報酬比例部分の支給開始年齢が引き上げられています。

↖いまこの段階

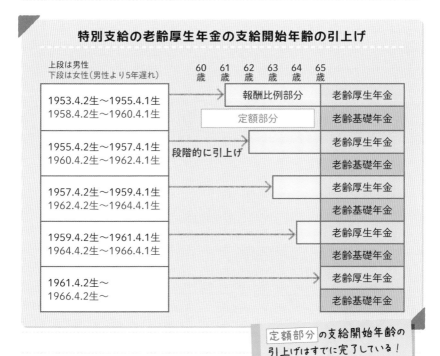

特別支給の老齢厚生年金の支給開始年齢の引上げ

上段は男性
下段は女性（男性より5年遅れ）

生年月日	60歳〜64歳	65歳〜
1953.4.2生〜1955.4.1生 1958.4.2生〜1960.4.1生	報酬比例部分 / 定額部分	老齢厚生年金 / 老齢基礎年金
1955.4.2生〜1957.4.1生 1960.4.2生〜1962.4.1生	段階的に引上げ	老齢厚生年金 / 老齢基礎年金
1957.4.2生〜1959.4.1生 1962.4.2生〜1964.4.1生		老齢厚生年金 / 老齢基礎年金
1959.4.2生〜1961.4.1生 1964.4.2生〜1966.4.1生		老齢厚生年金 / 老齢基礎年金
1961.4.2生〜 1966.4.2生〜		老齢厚生年金 / 老齢基礎年金

> **定額部分**の支給開始年齢の引上げはすでに完了している！

特別支給の老齢厚生年金の年金額（報酬比例部分）は、次の計算式によって求めます。

試験では
この計算式は問題に与えられているのでおぼえる必要はありません

報酬比例部分 ＝ ❶ ＋ ❷

❶ 平均標準報酬月額 × $\dfrac{7.125}{1,000}$ × 2003年3月以前の被保険者期間の月数

❷ 平均標準報酬額 × $\dfrac{5.481}{1,000}$ × 2003年4月以降の被保険者期間の月数

◇65歳からの老齢厚生年金

65歳に達すると、報酬比例部分（計算式は上記）が老齢厚生年金として支給されます。なお、（従来の）定額部分は老齢基礎年金に切り替わります。ここで、老齢基礎年金が定額部分より少なくなってしまう場合には、その減少額が**経過的加算**として支給されます。

経過的加算（2024年度）＝ ❶ － ❷

❶ 1,701円 × 被保険者期間の月数 ←――――――――― 定額部分

❷ 816,000円 × $\dfrac{1961年4月以降で20歳以上60歳未満の厚生年金保険の被保険者期間の月数}{480月}$ ← 老齢基礎年金

また、老齢厚生年金の年金受給者に、一定の要件を満たした配偶者（65歳未満）または子がいる場合には、**加給年金**が加算されます。

「18歳到達年度末日」というのは、18歳になって初めての3月31日のことです

年金制度でいう「子」とは
18歳到達年度末日までの子
（または20歳未満で障害等級1
級または2級に該当する子）

加給年金

受給要件	・厚生年金保険の被保険者期間が20年以上ある ・生計を維持されている65歳未満の配偶者または18歳到達年度末日までの子（障害のある子の場合は20歳未満で障害等級1級または2級までの子）がいる
年金額 （2024年度）	配偶者…234,800円（受給権者の生年月日によって加算あり） 子　…第1子と第2子は各234,800円 　　　　第3子以降は各78,300円

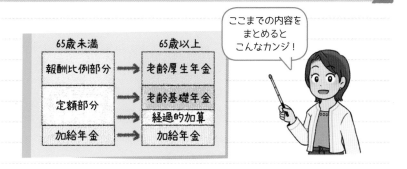

ここまでの内容を
まとめると
こんなカンジ！

この加給年金は、配偶者が65歳に達すると加算されなくなります。その代わり、配偶者の生年月日に応じた金額が配偶者の老齢基礎年金に加算されます。これを**振替加算**といいます。なお、振替加算は配偶者が1966年4月1日以前生まれの場合に限ります。

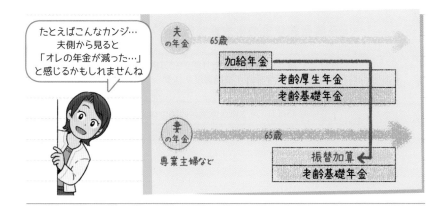

たとえばこんなカンジ…
夫側から見ると
「オレの年金が減った…」
と感じるかもしれませんね

◆老齢厚生年金の繰上げ受給と繰下げ受給

　老齢厚生年金は、原則として65歳から受給できますが、65歳よりも早く（60歳から64歳の間に）受給を開始（**繰上げ受給**）することもできますし、65歳よりも遅く（66歳から75歳の間に）受給を開始（**繰下げ受給**）することもできます。

　なお、繰上げ受給や繰下げ受給をした場合の年金額の減算額、加算額は老齢基礎年金の場合と同様です。

・1カ月繰り上げるごとに 0.4% が年金額から減算
・1カ月繰り下げるごとに 0.7% が年金額に加算

　また、老齢厚生年金の繰上げ・繰下げには次の決まりがあります。

・繰上げは老齢基礎年金の繰上げと同時に行わなければならない
・繰下げは老齢基礎年金の繰下げと別々に行うことができる

◇在職老齢年金

　60歳以降も企業（厚生年金保険の適用事業所）で働きながら年金を受給する場合、給与等の額によっては厚生年金保険の年金額が減額されることがあります。このしくみを**在職老齢年金**といいます。

　在職老齢年金は、厚生年金保険に加入していない場合には、適用されません。また、減額される年金額は年齢によって異なります。

在職老齢年金の年金調整額（2024年度）

60歳台 （60〜69歳）	❶給与等 + ❷年金月額が50万円を超えるとき →年金額が減額調整される
70歳以上	60歳台と同じ ただし、厚生年金保険料の納付は必要ない

Topic 12 病気をして障害が残った… なにか給付はあるの？

障害年金

ざっと読もう

障害者となったときの生活を保障する！ 〜障害給付〜

病気やケガが原因で、障害者となった場合で、一定の要件を満たすときは、年金や一時金を受け取ることができます。

障害給付には、**障害基礎年金**（1階部分）と**障害厚生年金**（2階部分）があります。

	老齢給付	障害給付	遺族給付
厚生年金保険	老齢厚生年金	障害厚生年金	遺族厚生年金
国民年金	老齢基礎年金	障害基礎年金	遺族基礎年金

国民年金の加入者が障害状態になったら… 〜障害基礎年金〜

障害基礎年金は、国民年金に加入している人が**障害等級1級、2級**に該当する場合に支給されます。また、18歳到達年度末日までの子（または20歳未満で障害等級1級または2級に該当する子）がいる場合には、**子の加算額**があります。

障害基礎年金

受給要件	・初診日に国民年金の被保険者であること（または日本に住んでいる国民年金の被保険者であった人で60歳以上65歳未満の人） ・障害認定日に障害等級1級または2級に該当すること ・初診日の前々月までの被保険者期間のうち、3分の2以上が保険料納付済期間と保険料免除期間であること（または直近1年間に保険料の滞納がないこと）
受給額 （2024年度）	障害等級1級…816,000円×1.25倍＋子の加算額 障害等級2級…816,000円＋子の加算額 【子の加算額】 第1子と第2子は各234,800円 第3子以降は各78,300円

障害認定日
初診日から1年6カ月以内で傷病が治った日（治らない場合は1年6カ月を経過した日）

厚生年金保険のほうが幅広い！
～障害厚生年金～

障害厚生年金は、**障害等級1級、2級、3級**に該当する場合に支給されます。

障害厚生年金

受給要件	・初診日に厚生年金保険の被保険者であること ・障害認定日に障害等級1級、2級、3級に該当すること ・初診日の前々月までの被保険者期間のうち、3分の2以上が保険料納付済期間と保険料免除期間であること（または直近1年間に保険料の滞納がないこと）
受給額 （2024年度）	障害等級1級…報酬比例部分の年金額×1.25倍＋配偶者の加給年金額 障害等級2級…報酬比例部分の年金額＋配偶者の加給年金額 障害等級3級…報酬比例部分の年金額 【配偶者の加給年金額】 234,800円

報酬比例部分の年金額は老齢厚生年金の報酬比例部分の年金額と同様に計算します

　また、3級よりも軽度の障害の場合は、**報酬比例部分の2倍の額が障害手当金として一時金**で支給されます。

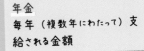

一時金
一度に支給される金額

年金
毎年（複数年にわたって）支給される金額

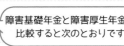

障害基礎年金と障害厚生年金を比較すると次のとおりです

	障害基礎年金（2024年度）	障害厚生年金
1級障害	816,000円×1.25倍 ＋ 子の加算額	報酬比例部分の年金額×1.25倍 ＋ 配偶者の加給年金額
2級障害	816,000円 ＋ 子の加算額	報酬比例部分の年金額 ＋ 配偶者の加給年金額
3級障害	―	報酬比例部分の年金額
障害手当金	―	報酬比例部分の年金額×2倍

Topic 13 ウチの大黒柱が死亡した! 残された私たち、どうなるの?

遺族年金

家庭を持ったとき

残された遺族の生活を保障する! ～遺族給付～

　公的年金に加入している人や、加入していた人が死亡した場合の、遺族の生活保障として遺族給付があります。

　遺族給付には、**遺族基礎年金**（1階部分）と**遺族厚生年金**（2階部分）があります。

	老齢給付	障害給付	遺族給付
厚生年金保険	老齢厚生年金	障害厚生年金	遺族厚生年金
国民年金	老齢基礎年金	障害基礎年金	遺族基礎年金

国民年金の加入者が死亡したら… ～遺族基礎年金～

　遺族基礎年金は、国民年金の被保険者が亡くなった場合で、その人に生計を維持されていた**子**または**子のある配偶者**に支給されます。

> 子
> 婚姻していない 18 歳到達年度末日までの子
> （または 20 歳未満で障害等級 1 級または 2 級に
> 該当する子）

子のない配偶者には
支給されません

遺族基礎年金

受給要件	次のいずれかに該当する人が死亡したとき ❶ 国民年金の被保険者←加入中の人 ❷ 国民年金の被保険者であった人で、日本に住んでいる60歳以上65歳未満の人 ❸ 老齢基礎年金の受給資格期間（保険料納付済期間など）が25年以上の人 →❶❷については、死亡日の前日において、死亡日の前々月までの被保険者期間のうち、3分の2以上が保険料納付済期間と保険料免除期間であること（または直近1年間に保険料の滞納がないこと）
受給できる遺族	死亡した人に生計を維持されていた子または子のある配偶者
受給額 （2024年度）	816,000円 ＋ 子の加算額　　【子の加算額】 第1子と第2子は各234,800円 第3子以降は各78,300円

　また、国民年金の第1号被保険者のみの独自給付として、**寡婦年金**と**死亡一時金**という制度があります。

寡婦年金と死亡一時金

	寡婦年金	死亡一時金
内容	保険料納付済期間と保険料免除期間をあわせて10年以上あるにもかかわらず、夫（第1号被保険者）が老齢基礎年金や障害基礎年金を受け取らずに死亡した場合に、遺族である妻（婚姻期間10年以上）に支給される	第1号被保険者として、3年以上保険料を納付した人が、老齢基礎年金や障害基礎年金を受け取らずに死亡し、遺族が遺族基礎年金を受給できない場合に一定の遺族に支給される
ポイント	受給期間は妻が60歳から65歳到達月までの間	寡婦年金も受給できる場合には、いずれか一方を選択
受給額	（夫が存命だったら受け取ったであろう）夫の老齢基礎年金 $\times \dfrac{3}{4}$	12万円から32万円 （保険料を納付した期間によって異なる）

老齢厚生年金の4分の3相当額が受け取れる！
～遺族厚生年金～

　厚生年金保険に加入している人が死亡した場合で、一定の要件を満たしたときは、遺族は遺族基礎年金に遺族厚生年金を上乗せして受け取ることができます。受給できる遺族は、

❶ 妻・夫・子

❷ 父母

❸ 孫

❹ 祖父母

> 子、孫
> 婚姻していない18歳到達年度末日までの子、孫（または20歳未満で障害等級1級または2級に該当する子、孫）

の順で、先順位の人から受給権者となります。

　夫、父母、祖父母が受給権者の場合は、加入者本人の死亡当時、**55歳以上**であることが要件となり、また、年金を受け取れるのは**60歳**からとなります。

遺族厚生年金

受給要件	次のいずれかに該当する人が死亡したとき ❶ 厚生年金保険の被保険者←加入中の人 ❷ 厚生年金保険資格の喪失後、厚生年金保険の被保険者期間中の傷病がもとで初診日から5年以内に死亡した人 ❸ 障害等級1級または2級の障害厚生年金を受けられる人 ❹ 老齢厚生年金の受給資格期間（保険料納付済期間など）が25年以上の人 →❶❷については、死亡日の前日において、死亡日の前々月までの被保険者期間のうち、3分の2以上が保険料納付済期間と保険料免除期間であること（または直近1年間に保険料の滞納がないこと）
受給できる遺族	死亡した人に生計を維持されていた ❶ 妻・夫・子、❷ 父母、❸ 孫、❹ 祖父母の順 →夫、父母、祖父母の場合は、加入者本人の死亡当時、55歳以上であることが要件。また、年金を受け取れるのは60歳から
受給額	報酬比例部分の年金額 × $\frac{3}{4}$

なお、一定の遺族には**中高齢寡婦加算**や**経過的寡婦加算**があります。

中高齢寡婦加算と経過的寡婦加算

	中高齢寡婦加算	経過的寡婦加算
内容	夫の死亡当時40歳以上65歳未満の子のない妻、または、子があっても40歳以上65歳未満で遺族基礎年金を受け取ることができない妻に対して、遺族厚生年金に一定額が加算される	中高齢寡婦加算の打ち切りによって、年金額が減少する分を補うための制度
ポイント	妻が65歳になると打ち切り	1956年4月2日以降生まれの妻には経過的寡婦加算はない
受給額 （2024年度）	612,000円	妻の生年月日によって異なる

やってみよう！

自分の家族（親やパートナー）にもしものことがあった場合、自分がどんな遺族給付を受け取れるか、考えてみましょう。

子どもがいるかどうかや子どもの年齢などによって変わってきますね

Topic 14 公的年金だけでは足りない！年金を増やすには？

企業年金等

いま知っておく

老後の年金を増やすための 企業が任意で設けた年金制度

　公的年金を補完する目的で、企業が任意に設けている年金制度を企業年金といいます。

　企業年金の主なタイプには、

・**確定給付型**　←将来受け取る年金額があらかじめ決まっている
・**確定拠出型**　←掛金の金額は決まっているが、将来受け取る年金額は運用次第で変動

があります。

いま話題の
iDeCo（イデコ）は
確定拠出型です

◇確定給付型
　確定給付型は、将来受け取る年金額があらかじめ決まっているタイプの年金制度で、**確定給付企業年金**がこれに該当します。

◇確定拠出型
　確定拠出型は、一定の掛金を加入者が拠出し、加入者が運用します。その運用結果によって、将来受け取る年金額が決まります。

　確定拠出型には、**確定拠出年金**があり、**企業型**と**個人型（iDeCo）**に分かれます。

確定拠出年金は一般的に
「DC」という！

確定拠出年金（DC）

	企業型	個人型（iDeCo）
加入対象者	厚生年金保険の被保険者（原則70歳未満）で、確定拠出年金を導入している企業の従業員	国民年金の被保険者 ❶自営業者等（第1号被保険者） ❷一定の厚生年金保険の 　被保険者　（第2号被保険者） ❸専業主婦等（第3号被保険者） ❹任意加入被保険者
ポイント	・通算の加入期間が10年以上ある人は、60歳以降、老齢給付を受給できる。ただし、75歳までに受給開始しなければならない ・加入者が支払った掛金は、所得税の計算上、全額が小規模企業共済等掛金控除の対象となる	

なお、掛金の拠出には限度額があり、個人型（iDeCo）の場合は

- 自営業者等（第1号被保険者、任意加入被保険者）……… **年額 816,000 円**
- 専業主婦等（第3号被保険者）……………………………… **年額 276,000 円**
- 公務員等（第2号被保険者）………………………………… **年額 144,000 円**

で、会社員の人（第2号被保険者）については、会社が導入している企業年金制度によって異なります。

会社員（第2号被保険者）の個人型の拠出限度額

分　類		拠出限度額
企業型DCがない会社	企業年金※に加入している会社員	年額 144,000円
	企業年金※に加入していない会社員	年額 276,000円
企業型DCがある会社	企業年金※に加入している会社員	年額 144,000円
	企業年金※に加入していない会社員	年額 240,000円

※　確定給付企業年金など

2024年12月1日以降、確定給付型等の他制度と併用する場合の拠出限度額が改正されます

国民年金だけだと心もとないから…自営業者等のための年金制度がある!

　会社員等と比べると、自営業者等の第1号被保険者は国民年金しか受給できないため、老後の年金額が少なくなってしまいます。

　そこで、自営業者等のための年金制度として、**付加年金**（P.40 参照）、**国民年金基金**、**小規模企業共済**があります。

これで 老後もこわくない!!

自営業者等のための年金制度

付加年金	毎月の国民年金保険料に月額400円を加算して支払うことによって、将来、国民年金に「200円×付加保険料を支払った月数」の付加年金を加算した金額を受け取ることができる制度
国民年金基金	国民年金に上乗せして受給するための制度 ・掛金の拠出限度額は、個人型DCとあわせて月額68,000円 ・付加年金と国民年金基金の両方に加入することはできない
小規模企業共済	従業員が20人（サービス業等は5人以下）の個人事業主や会社の役員のための退職金制度 ・掛金は月額1,000円〜70,000円 ・掛金の全額が小規模企業共済等掛金控除の対象となる

やってみよう!

もし、あなたが
iDeCoに加入するとしたら
いくらまで拠出できるのか
拠出限度額を考えてみよう!

すでに加入している方は再確認してみましょう

リスクマネジメント

就職時、結婚時、子どもが生まれた時などに
保険の加入、見直しが必要といわれますが
そもそもどういう種類の保険があって
それぞれどんな特徴があるのか知っていますか?

保険の加入、見直しの前に
私的保険の概要を知っておきましょう

Topic 1 私のまわり、リスクだらけ！

保険の基本

ざっと読もう

死亡、病気、事故…
いろいろなリスクに備えるためには…

　日常生活では、事故や病気などのリスクがつきものです。これらのリスクが生じたときに、そのダメージを回避・軽減するような対策を立てることを**リスクマネジメント**といいます。

　日常生活におけるリスクに備える役割を果たすのが保険です。

◇保険の種類

保険ねぇ…

生命保険

　保険には、

・**公的保険** ←国や地方公共団体が運営している保険（Subject1 で学習）

・**私的保険** ←民間の保険会社が運営している保険（この Subject で学習）

があります。

	公的医療保険	私的医療保険
加入条件	強制加入 だから誰でも	任意加入で 健康な人のみ
保険料	収入に応じる	契約内容に よって異なる

　また、私的保険は、

❶ **生命保険** ←人の生死に関して保障する保険

❷ **損害保険** ←偶然の事故で発生した損害を補てんする保険

❸ **第三分野の保険** ←❶❷のいずれにも属さない、人のケガや病気に備える保険

の３つの区分に分かれます。

◇保険の原則

　保険制度は、**大数の法則**と**収支相等の原則**によって成り立っていると
されています。

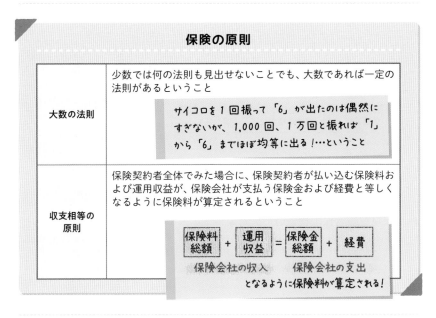

保険の原則

大数の法則	少数では何の法則も見出せないことでも、大数であれば一定の法則があるということ
	サイコロを1回振って「6」が出たのは偶然にすぎないが、1,000回、1万回と振れば「1」から「6」までほぼ均等に出る！…ということ
収支相等の原則	保険契約者全体でみた場合に、保険契約者が払い込む保険料および運用収益が、保険会社が支払う保険金および経費と等しくなるように保険料が算定されるということ
	保険料総額 ＋ 運用収益 ＝ 保険金総額 ＋ 経費 保険会社の収入　　保険会社の支出 となるように保険料が算定される！

保険会社が倒産したら、加入している保険はどうなるの？

　保険会社の経営が破綻した場合でも、契約が無効になるわけではありません。国内で営業している生命保険会社や損害保険会社は、それぞれ**生命保険契約者保護機構**や**損害保険契約者保護機構**への加入が義務付けられており、万一、保険会社が破綻しても、それらの保護機構の救済によって、現在加入している保険契約が継続します。

> 銀行の窓口で加入した保険も保険契約者保護機構の保護の対象となります！

保険会社の破綻後も、契約は継続できますが、**責任準備金の削減**が行われることがあります。

保険契約者保護機構の保護内容

生命保険契約者保護機構	破綻時の責任準備金等の90％まで補償
損害保険契約者保護機構	保険金の80％から100％を補償（保険の種類によって異なる）

自賠責保険、地震保険は100％補償

なお、**少額短期保険業者**や**共済**は、保険契約者保護機構の加入対象外です。

少額短期保険業者
保険金額が少額、短期、掛捨ての商品のみ取り扱える。1人の被保険者から引き受ける保険金額の総額は原則1,000万円以内

◇ソルベンシー・マージン比率

このように、保険会社が万が一破綻した場合でも、保険契約者が保護されるしくみがありますが、できれば破綻しない保険会社を選びたいものです。

保険会社の財務状態の健全性をみる指標に**ソルベンシー・マージン比率**があります。

ソルベンシー・マージン比率は、通常予測できないリスクが発生して、相当多額の保険金の支払いが必要になったとしても、保険会社が対応できるかどうかを判断する指標です。

ソルベンシー・マージン比率

- ・数値が高いほど安全性が高い
- ・200％以上が健全性の目安となる
- ・200％を下回ると金融庁から早期是正措置が発動される

保険契約したけど、やっぱり取り消したい！
…ってできるの？

いったん保険契約をした場合でも、一定の要件を満たしたときは消費者側から契約を取り消すことができます。この制度を**クーリングオフ制度**といます。

なお、保険会社の営業所に出向いて契約した場合や、保険期間が1年未満の短期保険の契約などについてはクーリングオフをすることはできません。

クーリングオフ制度

手続き	❶契約の申込日または❷クーリングオフについて記載された書面を受け取った日のいずれか遅い日から8日以内に、申込みの撤回または解除を書面（または電子メールなどの電磁的記録による方法）で行う
クーリングオフが できない場合	・保険会社の営業所に出向いて契約をした場合 ・保険期間が1年以内の短期保険の場合 ・契約にあたって医師の診査を受けた場合　など

生命保険って
どんな保険なの?

生命保険って、人が死んだときに保険金が
支払われる保険…っていうものだけではない!

　生命保険は、人が死亡した場合の所得の減少や、生存（長生き）していた場合の生活資金を保障する保険で、どんなときに保険金が支払われるのかによって、次の3種類に分類されます。

・**死亡保険** ←死んだり、高度障害になったりしたら保険金が支払われる
・**生存保険** ←生きていたら保険金が支払われる
・**生死混合保険** ←死亡保険と生存保険を組み合わせた保険

生命保険の基本用語

契約者	保険会社と契約を結ぶ人→保険料を支払う人
被保険者	保険の対象となっている人→保険が掛けられている人
受取人	保険金や給付金を受け取る人
保険料	契約者が保険会社に払い込むお金
保険金	被保険者が死亡または高度障害となった場合や、満期まで生存した場合に、保険会社から受取人に支払われるお金
給付金	被保険者が入院や手術をしたさいに保険会社から支払われるお金
解約返戻金 かいやくへんれいきん	保険契約を途中で解約した場合に、契約者に払い戻されるお金
主契約	生命保険の基本となる契約
特約 とくやく	主契約に付加して契約するもの（単独では契約できない）

わたしたちが支払う保険料って
保険会社はどうやって決めているの?

　保険料は、**予定死亡率**、**予定利率**、**予定事業費率**の 3 つの予定基礎率に
もとづいて算定されます。

保険料の算定の基礎

予定死亡率	統計にもとづいて、性別・年齢ごとに算出した死亡率 →死亡する人が少ないと予想される→予定死亡率が低い→死亡保険の保険料は下がる
予定利率	保険会社があらかじめ見込んでいる運用利回り →運用がうまくいって収益があがると見込まれる→予定利率が上がる→保険料は下がる
予定事業費率	保険会社が事業を行うにあたって必要な費用 →事業経費があまりかからないと見込まれる→予定事業費率が下がる→保険料は下がる

◇保険料の構成

　保険料は、**純保険料**と**付加保険料**で構成されています。そして、純保険
料はさらに**死亡保険料**と**生存保険料**に分けられます。

```
                        保 険 料

        ┌─────────────────────────────┬───────────────────┐
        │          純保険料            │    付加保険料      │
        │  保険会社が支払う保険金に      │  保険会社が事業を   │
        │      あてられる部分          │  維持するために必要な費用 │
        ├──────────────┬──────────────┤                   │
        │   死亡保険料  │   生存保険料  │                   │
        │  死亡保険金の支払い│ 生存保険金の支払い│                 │
        │  にあてられる部分 │  にあてられる部分 │                 │
        └──────────────┴──────────────┴───────────────────┘
              ↖     ↗                         ↑
          予定死亡率と予定利率            予定事業費率
            をもとに計算                 をもとに計算
```

61

うちの場合、保険金をいくらで考えておけばいいんだろう？　〜必要保障額〜

　生命保険を検討するにあたって、**必要保障額**を計算しておくといいでしょう。
　必要保障額とは、一家の大黒柱（世帯主など）が死亡した場合に、遺族保障のために必要な金額をいい、**死亡後の支出総額から総収入を差し引いて計算します**。

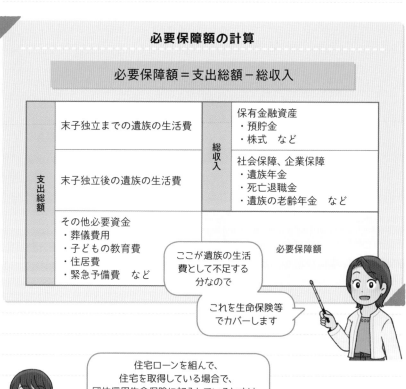

必要保障額の計算

必要保障額＝支出総額－総収入

支出総額	末子独立までの遺族の生活費	総収入	保有金融資産 ・預貯金 ・株式　など
	末子独立後の遺族の生活費		社会保障、企業保障 ・遺族年金 ・死亡退職金 ・遺族の老齢年金　など
	その他必要資金 ・葬儀費用 ・子どもの教育費 ・住居費 ・緊急予備費　など		必要保障額

ここが遺族の生活費として不足する分なので

これを生命保険等でカバーします

住宅ローンを組んで、住宅を取得している場合で、団体信用生命保険に加入しているときは、住宅ローンの残高は世帯主死亡により支払い不要となる（P.15 参照）ので住居費はかかりません

生命保険契約って難しそう！おさえておくべきポイントは?

生命保険契約の申込みから契約の成立までの一般的な流れは、次のとおりです。

生命保険契約の成立までの流れ

① 申込み
    ↓
② 告知（または医師による診査）
    ↓
③ 第1回目の保険料の支払い
    ↓
④ 保険会社の承諾
    ↓
⑤ 契約成立

申込みに先立って保険会社から受け取った「契約のしおり」などをしっかり確認して申し込みましょう

◇告知義務

保険契約を申し込むとき、契約者や被保険者は、保険会社が申込みを承諾するかどうかの判断材料として、健康状態や過去の病歴など、保険会社が定めた質問に答えなければなりません。これを**告知義務**といいます。

告知義務違反があった場合、契約が解除されることがあります（告知義務違反があった場合、保険会社は一定期間内であれば契約を解除できます）。

◇契約の責任開始日

保険会社が、契約上の責任、つまり、保険金等の支払いを開始する日を**責任開始日**といいます。責任開始日は、保険会社の承諾を前提として、

① 申込み
② 告知（または医師による診査）
③ 第1回目の保険料の支払い

がすべて終了した日となります。

保険料を支払うのを忘れた!
保険契約ってすぐ失効してしまうの?

　保険料の払込方法には、一時払い、年払い、半年払い、月払いなどがあります。

　保険料の支払いがなかった場合でも、すぐに契約が失効するわけではなく、一定の猶予期間が定められており、猶予期間内に支払えば契約は失効しません。

> 失効
> 契約の効力がなくなること

猶予期間

月払い の場合	払込日の翌月初日から末日まで →払込日が6月10日だったとしたら、 　猶予期間は7月1日から7月31日まで
年払い、半年払い の場合	払込日の翌月初日から翌々月の契約応当日まで →払込日(6月の契約応当日)が6月10日だったとしたら、 　猶予期間は7月1日から8月10日まで

> 契約応答日
> 契約日に対応する日。
> 契約日が3月10日なら、毎月の契約
> 応当日は10日となる

◇契約の復活

　猶予期間を過ぎても保険料を支払わなかった場合、保険契約は失効しますが、いったん失効した契約でも一定期間内に所定の手続きをすれば、契約をもとの状態にもどすことができます。これを**契約の復活**といいます。

　契約が復活した場合、未払いの保険料を支払う必要があります。なお、健康状態によっては復活できないこともあります。

いったん加入した保険
保険金額の増額、減額とかできるの?

いったん加入した保険について、結婚したり、子どもが生まれたりなど、ライフステージが変わったときは、契約を見直すタイミングです。

◇保険金額の増額・減額

保険契約の見直しによって、保障を増やしたいときは、保険金額を増額することや、特約を付加することができます。なお、特約を付加するときは、**特約の保険料は付加時の年齢で計算**されます。

一方、子どもが経済的に独立するなどして、現在の保障額では多すぎるような場合には、保険金額を減額したり、特約を外すなどが考えられます。

◇契約転換制度

現在の保険契約（の積立部分や積立配当金）を下取りに出して、新しい保険に加入することができます（もとの契約は消滅します）。これを**契約転換制度**といいます。

転換のさいには、告知（または診査）が必要で、
保険料は転換時の年齢、保険料率によって計算されます。

◇払済保険と延長保険

保険契約は継続したいけれど、保険料の払込みが困難になってしまったというような場合には、**払済保険**や**延長保険**に変更して、以後の保険料の支払いを中止して契約を継続することができます。

払済保険と延長保険

払済保険	保険料の払込みを中止して、その時点の解約返戻金をもとに、保険期間は変えずに、保険金額の少ない保険に変更すること ・保険期間→変わらない ・保険金額→少なくなる ・特約部分→消滅する 
延長保険 (定期保険)	保険料の払込みを中止して、その時点の解約返戻金をもとに、もとの保険金額と同額の定期保険(次ページ参照)に変更すること ・保険期間→短くなる ・保険金額→変わらない ・特約部分→消滅する 

保険期間
保険契約によって
保障が続く期間

66

Topic 3 生命保険にはどんなものがあるの?

生命保険の種類

社会人になったとき　家庭を持ったとき

死亡や高度障害になったときに備える保険ってどんなのがあるの?

　生命保険のうち、被保険者が死亡または高度障害になったときに保険金が支払われるタイプの保険を**死亡保険**といいます。

　死亡保険には、**定期保険、終身保険、養老保険、定期保険特約付終身保険**などがあります。

◇定期保険

　定期保険は、一定の期間内に死亡した場合に、死亡保険金が支払われるタイプの保険で、

・保険料が掛捨て
・解約返戻金はない　←あってもほんのちょっと
・満期保険金がない
・ほかに比べて保険料が安い

保険期間を
「子どもが成人するまで」
とするなどライフプランに
あわせて加入することが
できます

という特徴があります。

　定期保険には、満期まで死亡保険金の金額が変わらない**平準型**、保険期間が経過するにつれて死亡保険金の金額が少なくなる**逓減型**、保険期間が経過するにつれて死亡保険金の金額が多くなる**逓増型**があります。

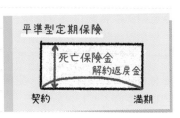

平準型定期保険

死亡保険金
解約返戻金

契約　　　　　満期

また、死亡保険金が毎年（**年金形式で**）受け取れる**収入保障保険**もあります。なお、死亡保険金を一時金で受け取ることもできますが、**一時金の場合、年金形式の受取総額よりも少なくなります。**

◇終身保険

　終身保険は、保障が一生涯続くタイプの保険で、

・**解約返戻金が多い**　←保険料の支払額に応じて増える
・**満期保険金はない**

という特徴があります。

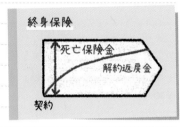

◇養老保険

　養老保険は、

・**一定の期間内に死亡した場合には死亡保険金を受け取ることができる**
・**満期時に生存していた場合には、死亡保険金と同額の満期保険金を受け取ることができる**

というタイプの保険です。

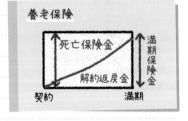

◇定期保険特約付終身保険

　定期保険特約付終身保険は、終身保険を主契約とし、これに定期保険特約を付けることによって、一定期間の死亡保障を厚くした保険です。

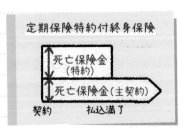

定期保険の期間を終身保険（主契約）の保険料払込期間と同じ期間に設定した**全期型**と、定期保険の期間を終身保険（主契約）の保険料支払期間よりも短く設定した**更新型**があります。

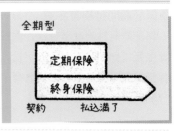

更新型の場合、**更新時に告知は不要**ですが、更新時の年齢で保険料が再計算されるので、**更新ごとに保険料が高くなります。**

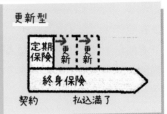

健康状態にかかわらず告知は不要です

老後の生活費が心配だ！どんな保険がある？

老後の生活資金の積み立てを目的とした保険に**個人年金保険**があります。

個人年金保険は、契約時に決めた一定の年齢になると、年金を受け取ることができる保険で、年金の受け取り方によって、**終身年金、保証期間付終身年金、有期年金、保証期間付有期年金、確定年金**などがあります。

◇終身年金

終身年金は、**生存している間**はずっと年金が受け取れるタイプの年金です。

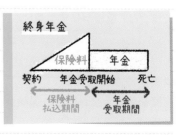

私は100歳まで生きるわー！

◇保証期間付終身年金

保証期間付終身年金は、**保証期間中は生死にかかわらず**年金が受け取れ、**保証期間後は生存していれば**年金が受け取れるタイプの年金です。

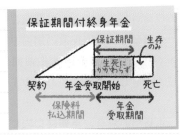

◇有期年金

有期年金は、**生存している間の一定期間**、年金が受け取れるタイプの年金です。

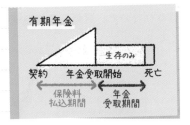

◇保証期間付有期年金

保証期間付有期年金は、**保証期間中は生死にかかわらず**年金が受け取れ、**保証期間後は生存している間の一定期間**、年金が受け取れるタイプの年金です。

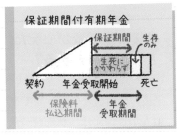

◇確定年金

確定年金は、**生死にかかわらず一定期間**、年金が受け取れるタイプの年金です。一定期間内に被保険者が死亡した場合は、遺族が年金を受け取ります。

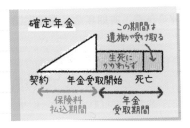

◇変額個人年金保険

変額個人年金保険は、保険会社が株式や債券等を運用し、その運用成果に応じて年金や解約返戻金の額が変動する保険です。

年金支払開始前に死亡した場合に受け取る**死亡給付金には、一般的に最低保証があります**が、**解約返戻金には最低保証がありません**。

Topic 4

支払った保険料は控除でき、受け取った保険金は課税される…

生命保険と税金

社会人なら知っておくべき

支払った保険料は所得税の計算上、控除できる!

給与所得など、所得がある人は確定申告を行って所得税の金額を計算し、納付します。

会社員の人は年末調整ですね

確定申告や年末調整については Subject4 で説明します

このとき、1 年間（1 月 1 日から 12 月 31 日まで）に支払った保険料は金額に応じて**生命保険料控除**として、その年の所得から控除することができます。

なお、2011 年 12 月 31 日以前に結んだ保険契約（旧契約）と、2012 年 1 月 1 日以後に結んだ保険契約（新契約）では、生命保険料控除の取扱いが異なります。

ここでは新契約のみ見ておきましょう

新契約では、保険料を

・**一般の生命保険料**　←生存や死亡に関して保険金・給付金が支払われる保険
　　　　　　　　　　　（死亡保険など）

・**個人年金保険料**　←一定の要件を満たした個人年金保険

・**介護医療保険料**　←病気やケガ等により保険金・給付金が支払われる保険
　　　　　　　　　　　（医療保険、がん保険、介護保険、先進医療特約など）

に区分して、それぞれについて、次の計算式によって控除額を計算します。

2012年以降の契約（新契約）の生命保険料控除額（所得税の場合）

年間払込保険料	控除額
20,000円以下	払込保険料の全額
20,000円超　40,000円以下	$(払込保険料 \times \frac{1}{2}) + 10,000円$
40,000円超　80,000円以下	$(払込保険料 \times \frac{1}{4}) + 20,000円$
80,000円超	一律40,000円

・一般の生命保険料控除、個人年金保険料控除、介護医療保険料控除でそれぞれ控除額の上限は40,000円（3つの控除を合計した上限は120,000円）

・傷害特約などの保険料や少額短期保険の保険料は生命保険料控除の対象とならない

えっ!!　…保険金を受け取ると税金がかかるの?

　死亡保険金や満期保険金を受け取ったときは、契約者・被保険者・受取人が誰なのかによって、課税関係が変わります。

死亡保険金の課税関係

契約者	被保険者	受取人	税金
A	A	B	相続税
Aさん（契約者・被保険者）が亡くなって、Bさん（ほかの人）が死亡保険金を受け取った			
A	B	A	所得税（一時所得）住民税
Aさん（契約者）が保険料を支払っていた保険契約（被保険者はBさん）の死亡保険金をAさん（自分）が受け取った			
A	B	C	贈与税
Aさん（契約者）が保険料を支払っていた保険契約（被保険者はBさん）の死亡保険金を、Cさん（ほかの人）が受け取った			

満期保険金の課税関係

契約者	被保険者	受取人	税金
A	誰でも	A	所得税（一時所得） 住民税
Aさん（契約者）が保険料を支払っていた保険契約の 保険金をAさん（自分）が受け取った			
A	誰でも	C	贈与税
Aさん（契約者）が保険料を支払っていた保険契約の 保険金をCさん（ほかの人）が受け取った			

◇解約返戻金

　保険契約を解約して解約返戻金を受け取ったときは、自分が保険料を支払っていた保険契約の解約返戻金を、自分が受け取ることになるので、**所得税（一時所得）と住民税**が課されます。

◇非課税となるもの

　保険金や給付金のうち、受取人が本人、配偶者、直系血族、あるいは生計同一親族である

・入院給付金
・手術給付金
・高度障害保険金
・特定疾病特約保険金
・リビングニーズ特約保険金（被保険者が受け取るもの）

入院
給付金は
非課税

生計同一親族
同じサイフで一緒に
生活している身内

などについては、税金が課されません。

リビングニーズ特約
余命6カ月と診断されたときに、生前に
保険金が支払われる制度

ちなみに法人が契約した保険の
保険料や保険金の処理はどうなるの?

　法人（会社）が契約者となって、従業員や役員を被保険者とする保険に加入することがあります。

　法人契約の保険で、法人が保険料を支払ったときと保険金や給付金を受け取ったときの経理処理を見てみましょう。

◇ 法人が支払った生命保険料の経理処理

　法人が支払った生命保険料は、保険の種類や契約形態によって処理が異なります。

法人が支払った生命保険料の経理処理（基本）

保険の種類等	保険金の受取人	
	法人	被保険者またはその遺族
貯蓄性のない保険 （定期保険※など）	損金算入 「定期保険料」	損金算入
貯蓄性の高い保険 （養老保険、終身保険、 年金保険など）	資産計上 「保険料積立金」	損金算入

※　保険期間が3年以上で最高解約返戻率が50％超のものを除く

> 損金
> 税法上の費用のこと

◇ ハーフタックスプラン（福利厚生プラン）

　「契約者＝法人、被保険者＝役員・従業員」である養老保険のうち、一定の要件を満たしたものは、**支払保険料の2分の1を「福利厚生費」として損金として処理**することが認められます。

これを**ハーフタックスプラン（福利厚生プラン）**といいます。

養老保険の保険料は
原則として資産計上ですが
要件を満たした場合には
保険料のうち半分を損金と
して計上することができるよ
というものです

損金に計上できる額が
多くなると税金（法人税等）が
少なく計算されるので
会社にとってメリットが
あるのです

ハーフタックスプラン（福利厚生プラン）

契約者	被保険者	満期保険金の受取人	死亡保険金の受取人
法人	役員・従業員の全員	法人	役員・従業員の遺族

という契約の養老保険の保険料を法人が支払ったときは、

・$\frac{1}{2}$は「保険料積立金」として資産計上

・$\frac{1}{2}$は「福利厚生費」として損金算入

◇法人が受け取った保険金等の経理処理

法人が保険金等を受け取った場合は、**全額を「雑収入」として益金に算入**します。

益金
税法上の収益のこと

ただし、その保険料が資産計上されている場合は、受け取った保険金の額から資産計上されている金額を差し引いた残額を「雑収入」として益金に算入します。

損害保険って
どんな保険なの?

損害保険
の基本

ざっと読もう

損害保険の基本的なしくみって どうなっているの?

損害保険は、事故や災害など、偶然のリスクで発生した損害を補てんするための保険です。

損害保険の基本用語

契約者	保険会社と契約を結ぶ人→保険料を支払う人
被保険者	保険事故(保険の対象となる事故)が発生したときに、補償を受ける人または保険の対象となる人
保険の対象	保険を掛ける対象となるもの→自動車、家、家財など
保険価額	保険事故が発生した場合に被るであろう損害の最高見積額
保険金額	契約時に決める契約金額(保険事故が発生したときに保険会社が支払う最高限度額)
保険金	保険事故が発生したときに、保険会社から被保険者に支払われる金額

◇損害保険の原則

損害保険も生命保険と同様に、大数の法則と収支相等の原則で成り立っていますが、これに加えて**給付・反対給付均等の原則(レクシスの原則)**と**利得禁止の原則**があります。

損害保険の原則

給付・反対給付 均等の原則 （レクシスの原則）	保険料は、それぞれの危険度に応じて計算される
利得禁止の原則	被保険者は保険金の受取りによって儲けを得てはならない →実際の損失額を限度に保険金が支払われる（実損払い）

◇保険金額と保険価額の関係による分類

　損害保険は、その保険金額と保険価額の関係によって、**超過保険、全部保険、一部保険**に分類されます。

保険金額と保険価額の関係による分類

超過保険	保険金額＞保険価額…保険金額が保険価額よりも大きい保険 →損害額は全額支払われる（実損てん補） 　損害額を超える保険金は支払われない
全部保険	保険金額＝保険価額…保険金額と保険価額が同じ保険 →損害額は全額支払われる（実損てん補）
一部保険	保険金額＜保険価額…保険金額が保険価額よりも小さい保険 →保険金額と保険価額の割合によって保険金が減額される 　（比例てん補）

Topic 6 家を買った！ 火災や地震に備えて保険に入ろう!

火災保険
地震保険

家を買ったとき

火災保険で補償される損害は?

火災保険は、火災によって生じた建物や家財の損害を補てんするための保険です。火災以外にも、落雷、風災、消防活動による水濡れなどによる損害も補てんします。

火災保険では地震による損害は補償されない! 地震保険に入らなきゃ!

火災保険では、地震や噴火またはこれらによる津波を原因とする損害については補償されません。そのため、これらの損害を補てんするためには地震保険に加入する必要があります。

地震保険は、単独では加入できないので、火災保険を主契約として、特約として地震保険を付加します。

地震保険のポイント

加入条件	単独では加入できず、火災保険に特約として付加する
補償の対象	住宅と住宅内の家財が補償の対象となる →ただし、1個または1組の価額が30万円を超える貴金属や宝石は対象外
保険金額	保険金額は火災保険（主契約）の30%〜50%の範囲で設定できる →ただし、建物は5,000万円、家財は1,000万円が上限
保険金の支払い	損害の程度に応じて保険金が支払われる
割引制度 （保険料の割引）	建築年割引、耐震等級割引、免震建築物割引、耐震診断割引の4つの割引制度があるが、重複して適用することはできない

損害の区分	保険金額
全損	保険金額の全額（時価が限度）
大半損	保険金額の60%（時価の60%が限度）
小半損	保険金額の30%（時価の30%が限度）
一部損	保険金額の5%（時価の5%が限度）

Topic 7
自動車事故に備えて…
自動車保険に入ろう!

自動車保険

自動車事故は
自分が加害者でも被害者でも困るよね…

自動車保険には、強制加入の自動車保険（**自賠責保険**）と、任意加入の自動車保険（民間の保険）があります。

◇自賠責保険

自賠責保険は、すべての自動車の所有者と運転者が必ず加入しなければならない保険です。なお、「自動車」には、**原動機付自転車**（いわゆる「原付」）も含まれます。

自賠責保険では、自動車の運転により、相手側の運転者・同乗者、あるいは歩行者などが死傷した場合に保険金が支払われます（人身事故のみが補償対象）。

したがって、自分（加害者）が死傷した場合や、他人の物を損傷した場合等は補償の対象外となります。

> ひき逃げや無保険者の事故は補償されませんがこのような場合には「政府保障事業」による救済があります

自賠責保険のポイント

補償対象	・対人賠償事故のみ補償（対物補償はなし） ・被害者のみ補償（加害者は補償されない）
保険金の限度額 （死傷者1人あたり）	・死亡…最高3,000万円 ・傷害…最高120万円 ・後遺障害…最高4,000万円

◇任意加入の自動車保険

任意加入の自動車保険には、次のようなものがあります。

任意加入の自動車保険

対人賠償保険	自動車事故で他人を死傷させた場合に、自賠責保険の支払額を超える部分の金額が支払われる →運転者本人や家族が被害者の場合は対象外
対物賠償保険	自動車事故で他人のもの(車や財物)に損害を与えた場合に保険金が支払われる →自宅の損害や家族の財物は対象外
搭乗者傷害保険	保険がかかっている自動車(被保険自動車)に乗車中の人(運転者や同乗者)が死傷した場合等に保険金が支払われる →過失の有無にかかわらず支払われる
自損事故保険	運転者が自賠責保険では補償されない単独事故などを起こしたときに保険金が支払われる
無保険車傷害保険	無保険や十分な賠償能力がない自動車に追突等され、乗車中の人(運転者や同乗者)が死亡または後遺障害となった場合に保険金が支払われる
車両保険	自分の自動車が偶然の事故により損害を受けたときや、盗難にあった場合に保険金が支払われる
人身傷害補償保険	自動車事故により被保険者が死傷した場合に、実際の損害額が支払われる →過失の有無にかかわらず支払われる →示談を待たずに支払われる

自動車事故では
損害額や賠償額も
多額となることが
多いので

任意とはいえ
車に乗る人は
加入して
おきましょう

Topic 8
ジョギング中に骨折した!
自転車で人にケガさせた!

傷害保険
賠償責任
保険

社会人なら知っておくべき

日常生活におけるさまざまなケガに備えたい!
〜傷害保険〜

　ジョギング中に骨折してしまったときや、散歩中に飼い犬にかまれてケガをしたときなど、日常生活におけるさまざまなケガ(急激かつ偶然な外来の事故により、身体に傷害を被った状態)に備えるための保険として、**傷害保険**があります。

主な傷害保険

普通傷害 保険	国内外を問わず、日常生活で起こる傷害を補償する保険 <対象外> ・熱中症　・細菌性食中毒　・自殺 ・地震・噴火・津波を原因とする傷害　など
家族傷害 保険	普通傷害保険と同様の内容で、1つの契約で家族全員が補償される <家族の範囲> 保険事故発生時における配偶者、生計同一の同居親族、 生計同一の別居の未婚の子、契約後に生まれた子　など
交通事故 傷害保険	国内外で起きた交通事故、建物や乗り物の火災などによる傷害を補償する保険 →1つの契約で家族全員が補償される「ファミリー交通傷害保険」もある
国内旅行 傷害保険	国内旅行中(家を出てから帰宅するまで)の傷害を補償する保険 <対象外> ・地震・噴火・津波を原因とする傷害　など
海外旅行 傷害保険	海外旅行中(家を出てから帰宅するまで)の傷害を補償する保険 →細菌性食中毒、地震・噴火・津波を原因とする傷害も補償される

人のものを壊してしまった!
などの賠償責任に備えたい〜賠償責任保険〜

　賠償責任保険は、偶然の事故によって、損害賠償責任を負ったときに補償される保険です。

主な賠償責任保険

個人賠償責任保険	日常生活における事故によって、他人にケガをさせたり、他人のものを壊したことにより、損害賠償責任を負ったときに備える保険 →1つの契約で家族全員が補償対象となる 【例】 ・自転車事故で他人にケガをさせた ・飼い犬が他人にかみついてケガをさせた　など <対象外> ・業務遂行中の賠償事故 ・地震・噴火・津波を原因とする損害　など
生産者賠償責任保険 （PL保険）	製造、販売した製品の欠陥によって、他人に損害を与え、損害賠償責任を負ったときに備える保険 【例】 ・ホテルの食事で食中毒を出した ・扇風機から出火してやけどを負わせた　など
施設所有者 （管理者） 賠償責任 保険	施設の不備による事故または施設内外で業務遂行中に生じた事故によって生じた損害賠償責任に備える保険 【例】 ・店内の商品の山が崩れて客にケガを負わせた　など
請負業者賠償責任保険	土木工事、清掃作業などの請負業務を遂行するにあたって生じた損害賠償責任に備える保険 【例】 ・作業中にクレーン車が倒れて、民家の塀を壊した　など

学生が起こした自転車事故で損害賠償額が9,000万円以上となったケースがあります

自転車事故については「個人賠償責任保険」のほか「自転車保険」もあるので自分や家族が自転車に乗る場合はこれらの保険に加入しているか確認しておきましょう

Topic 9 地震保険料を支払ったときや、保険金を受け取ったときの税金は?

損害保険
と税金

ざっと読もう

地震保険料を支払ったときは
所得控除の対象となる!

1年間(1月1日から12月31日まで)に支払った地震保険料は、**地震保険料控除**として、その年の所得から控除することができます。

地震保険料控除額

所得税	地震保険料の全額(上限は50,000円)
住民税	地震保険料 $\times \dfrac{1}{2}$(上限は25,000円)

火災保険や自動車保険の保険金を受け取った!
税金はかかるの?

損害保険の場合、保険金が損失補てんを目的としている(実損払いである)ため、原則として、**損害保険から受け取った保険金は非課税**となります。

ただし、傷害保険等の死亡保険金、満期返戻金、年金として受け取る保険金については、生命保険の場合(P.72、P.73参照)と同様の扱いとなります。

Topic 10

入院費や手術費、結構かかるよね! あ、がんも怖いなあ…

医療保険
がん保険

社会人なら知っておくべき

生命保険にも、損害保険にも属さない保険 ～第三分野の保険～

　生命保険（第一分野の保険）、損害保険（第二分野の保険）のいずれにも該当しない種類の保険を**第三分野の保険**といいます。

　第三分野の保険には、**医療保険**や**がん保険**などがあります。

◆医療保険

　医療保険は、病気やケガによる入院や手術に備える保険で、**入院給付金**や**手術給付金**などがあります。

医療保険の給付金

入院給付金	入院1日につき5,000円、10,000円などで設定する →1回の入院につき支払日数の限度(60日、120日など)がある →通算しての支払日数の限度もある 退院日の翌日から180日以内に同じ病気で再入院したときは、前回の入院とあわせて1回の入院と数える!
手術給付金	手術の種類によって、一般的に入院給付金日額の10倍、20倍、40倍などで支払われる
通院給付金	退院後に指定された期間内に通院したときに支払われる

◇がん保険

　がん保険は、保障の対象をがんに限定した保険で、**がん診断給付金、が
ん入院給付金、がん手術給付金、がん死亡保険金**などがあります。

　がん保険では一般的に加入後 **90 日程度**の免責期間が設けらており、こ
の期間にがんと診断されても保険金の支払いはありません。

がん保険

がん診断給付金	がんと診断されたときに支払われる給付金
がん入院給付金	がんで入院したときに支払われる給付金 →入院初日から日数無制限で支払われる
がん手術給付金	がんで所定の手術をしたときに支払われる給付金 →手術の種類に応じた給付金が支払われる
がん死亡保険金	がんを原因として死亡したときに支払われる保険金

主契約に医療特約をつけて
保障を充実させる!

　終身保険や定期保険といった主契約に、医療特約を付加して病気やケガ
の保障を充実させることもできます。

　なお、**特約は単独では契約できず、主契約に付加して契約しなければな
りません。**

主な特約

傷害・死亡	災害割増特約	不慮の事故で死亡または高度障害になったときに保険金が支払われる
	傷害特約	不慮の事故で死亡または所定の障害状態になったときに保険金や給付金が支払われる
入院	災害入院特約	災害や事故によるケガで入院したときに給付金が支払われる
	疾病入院特約	病気で入院したときに給付金が支払われる
生前給付	特定疾病保障保険特約	がん、急性心筋梗塞、脳卒中で所定の状態になった場合に、生存中に死亡保険金と同額の保険金が支払われる →特定疾病保険金を受け取った時点で契約が終了し、その後に死亡しても死亡保険金は支払われない →特定疾病保険金を受け取らずに死亡した場合は、死亡原因にかかわらず死亡保険金が支払われる
	リビングニーズ特約	被保険者が余命6カ月と診断された場合、生前に死亡保険金が支払われる ・特約保険料は不要
その他	先進医療特約	療養時において、公的医療保険の対象となっていない先進的な医療技術のうち、厚生労働大臣が定める施設で、厚生労働大臣が定める先進医療を受けたとき、給付金が支払われる

療養時
治療時や養生時

やってみよう！

「お金ノート」使用
→レッスン6

ここで、自分が加入している保険の内容を
「お金ノート」にまとめておきましょう

どんな保険に
加入しているのか
把握しておきましょう

金融資産運用

銀行に預金をしていても
ほとんど利息がつかないこの時代
ほかの金融資産で運用したいものですね
…ですが、なにも知らずに株や投資信託に
手を出すのはこわいですよね

ここでは経済の基本と金融資産の
基本的な内容を見ておきましょう

Topic 1 「景気がいい・悪い」 …なにを見て判断するの?

金融・経済
の基本

ざっと読もう

「GDP」「有効求人倍率」「消費者物価指数」など、よく聞く指標で判断

　株式や債券の価格、金利などは、景気の影響を受けて変動します。そのため、金融商品について学習するにあたって、景気の良し悪しを判断するための一般的な指標をおさえておく必要があります。

> 金融商品
> 金融会社 (銀行や証券会社など) で取り扱う商品
> 預貯金、株式、公社債、投資信託など

　代表的な経済・景気の指標には、**国内総生産 (GDP)**、**経済成長率**、**景気動向指数**、**日銀短観**、**マネーストック**、**物価指数**があります。

◇国内総生産 (GDP)

　GDPとは、**国内**の経済活動によって新たに生み出された財・サービスの付加価値の合計をいい、**内閣府**が**年4回**発表しています。

> 「国内の」なので
> 企業が海外で生産した
> 財・サービスの付加価値
> は含みませんよ

> 付加価値
> 経済活動によって新たに
> 付け加えられた価値

◇経済成長率

　経済成長率とは、一国の経済規模の1年間における成長率をいい、一般的には**GDP (実質GDP)** の伸び率をいいます。

◇景気動向指数

　景気動向指数とは、景気の状況を総合的にみるために、複数の指標を統合した景気指標で、**内閣府**が**毎月**発表しています。

　景気動向指数には、

- **・先行指数**　←景気に先行して動く指標（新規求人数、新設住宅着工床面積など）
- **・一致指数**　←景気とほぼ一致して動く指標（有効求人倍率など）
- **・遅行指数**　←景気に遅れて動く指標（完全失業率、家計消費支出など）

があり、景気動向の判断には、**一致指数**が使われます。

◇日銀短観

　日銀短観（全国企業短期経済観測調査）とは、**日本銀行**が**年4回**、上場企業や中小企業に対して行うアンケート結果を集計したものをいいます。

　アンケート内容は、企業心理（業況感）と経営状況（売上・収益計画、設備投資計画など）に分かれており、このうち最も注目されているのが、企業心理における**業況判断DI**です。

　業況判断DIは企業の経営者に、景気が「良い」「さほど良くない」「悪い」の3つの中から選んでもらい、「良い」と答えた企業の割合から「悪い」と答えた企業の割合を差し引いて算出されます。

DI
Diffusion Index
（ディフュージョン・インデックス）

業況判断DIが
プラスであれば
景気が良い

マイナスであれば
景気が悪い
と考える企業が
多いことを表します

◇マネーストック

　マネーストックとは、個人や法人（金融機関以外）、地方公共団体等が保有する通貨の総量をいい、**日本銀行**が**毎月**発表しています。このマネーストックには**国や金融機関が保有する通貨は含みません**。

◇物価指数

　物価指数とは、ある分野についての総合的な物価水準を指数化したものをいい、**企業物価指数**と**消費者物価指数**があります。

物価指数	
企業物価指数	企業間で取引される商品などの価格変動を表す指標 →日本銀行が毎月発表 →原油価格や為替変動の影響を受けるため、消費者物価指数より変動が激しい
消費者物価指数	全国の一般消費者が購入する商品やサービスの価格変動を表す指数 →総務省が毎月発表

景気が良くなると
金利や物価、株価の動きはどうなるの?

　景気、金利、物価、為替レート、株価は関連しながら動きます。

◇景気と金利

　景気が良くなると、モノを買うためにお金の需要が高まるので、金利が上昇します。反対に、景気が悪くなると、金利は下落します。

> 金利
> 元本に対する利息の割合

◇景気と株価

　景気が良くなると、企業の業績が良くなるので、株価は上昇します。反対に、景気が悪くなると、株価は下落します。

株価
株式の価格
→その株式を買いたい人が多ければ
　株価は上がり、その株式を売りたい
　人が多ければ株価は下がる

◇物価と金利

　物価が上がる（**インフレになる**）と、モノを買うためにお金の需要が高まるので、金利は上昇します。反対に、物価が下がる（**デフレになる**）と、金利は下落します。

インフレ 物価が継続的に上昇し、その分、 貨幣価値が下がった状態 →お金の価値が下がった分、 　お金がたくさんないと買えない	デフレ 物価が継続的に下落し、その分、 貨幣価値が上がった状態 →お金の価値が上がった分、 　ちょっとのお金で買える

◇為替レートと金利

　為替レートが円高になると、輸入品の価格が下がる（物価が下がる）ので、結果として金利は下落します。反対に、為替レートが円安になると輸入品の価格が上がる（物価が上がる）ので、金利は上昇します。

為替レート **外国為替市場で異なる通貨が交換されるときの交換比率** →「1ドル100円」だったら「1ドルと100 　円を交換するよ（1ドルと100円が同じ価 　値）」ということ	1ドルが100円から90円になる →円高 1ドルが100円から110円になる →円安

Topic 2 景気を安定させるために どんな政策をとっているの?

金融政策

お金の貸し借りは どこでやっているの?

　金融とは、お金を貸したり借りたりすることをいい、お金の貸し借りをする場を**金融市場**といいます。

　金融市場には、取引期間が1年未満の**短期金融市場**と、取引期間が1年以上の**長期金融市場**があり、短期金融市場はさらに**インターバンク市場**と**オープン市場**に分かれます。

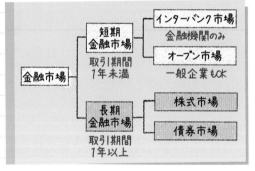

どんなときに日銀は介入して どんなことをするの?

　日本銀行(日銀)は、日本の中央銀行で

・**紙幣の発行**　←千円札とか壱万円札などを発行。ちなみに硬貨は国が発行
・**政府の銀行**　←国民が納めた税金等の受入れや公共事業等の支払いなど政府のお金を管理
・**銀行の銀行**　←民間の金融機関の預金の受入れや貸付けなど

といった役割を持っています。

そのほか、物価や景気を安定させるための政策（**金融政策**）も行っています。主な金融政策に**公開市場操作**や**預金準備率操作**があります。

◇公開市場操作

　公開市場操作とは、日本銀行が短期金融市場で、債券（国債や社債など）を買ったり（**買いオペ＝買いオペレーション**）、売ったり（**売りオペ＝売りオペレーション**）することによって、金融市場に出回る資金の量を調整することをいいます。

公開市場操作

買いオペ	日銀が、金融機関から債券を買って、お金を払うことによって、市場に出回る資金量を増やすこと
	→日銀がお金を払う→市場にお金が出回る→金利下落
売りオペ	日銀が、金融機関に債券を売って、お金を受け取ることによって、市場に出回る資金量を減らすこと
	→日銀がお金を受け取る→市場のお金が減る→金利上昇

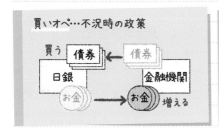

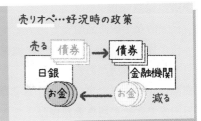

◇預金準備率操作

　金融機関は、一定割合の預金を準備預金として日本銀行に預けることになっています。この一定割合を**預金準備率**といい、預金準備率を引き上げたり、引き下げたりすることによって、金融市場の資金量を調整することを**預金準備率操作**といいます。

Topic 3 金融機関が破綻した! 私のお金、ど〜なるの?!

セーフティ ネット

社会人なら知っておくべき

銀行や証券会社が倒産した! 預けているお金は返ってくる?

　預金や株式、国債、社債、投資信託など、金融機関（銀行、証券会社、保険社会など）で取り扱う商品を**金融商品**といいます。

　そして、金融機関が破綻した場合でも、これらの顧客の資産を守るためのしくみ（**セーフティネット**）が用意されています。

◇預金保険制度

　代表的な金融商品のセーフティネットには、**預金保険制度**があります。

　預金保険制度は、金融機関が破綻した場合に預金者を保護する制度で、日本国内に本店がある銀行、ゆうちょ銀行、信用金庫、信用組合等の金融機関に預け入れた預金等は、**1金融機関ごとに預金者1人あたり元本1,000万円までとその利息等が保護**されます。ただし、外貨預金など一定の預金については保護の対象となりません。

> 日本の銀行の海外支店に
> 預け入れた預金も
> 保護されません

　なお、**決済用預金について**は全額保護されます。

決済用預金
❶無利息、❷要求払い、
❸決済サービスを利用できる
の3要件を満たす預金
【例】当座預金　など

預金保険制度

保護の対象と ならない預金	保護の対象となる預金等	保護の対象とならない預金等
保護の対象と なる預金と ならない預金	・預貯金　・定期預金 ・元本補てん契約のある 　金銭信託　など	・外貨預金　・譲渡性預金(CD) ・金融債 ・元本補てん契約のない 　金銭信託　など
保護の範囲	・決済用預金は全額保護 ・決済用預金以外の預金等は、1金融機関ごとに預金者1人あた 　り元本1,000万円までとその利息等	

金融資産運用

◇日本投資者保護基金

　証券会社では、投資家から預かった金融資産を証券会社の資産とは分けて管理することが義務付けられているため、証券会社が破綻した場合でも、投資家は証券会社に預けている金融資産を返してもらうことができます。

　しかし、証券会社が分別管理をしていなかった場合などには、投資家が損失を被ります。そのような事態に備えて、国内の証券会社は日本投資者保護基金への加入が義務付けられており、証券会社の破綻等によって投資家が損失を被った場合、日本投資者保護基金から**1人あたり最大1,000万円まで補償**されます。

ほかにもある!
投資家を保護するためのルール

　そのほか、金融サービス提供法、消費者契約法、金融商品取引法に、投資家を保護するためのルールがあります。

投資家を保護するための法律（主な内容）

金融 サービス 提供法	・金融商品販売業者は、顧客に金融商品を販売するさい、重要事項について説明しなければならない →元本割れをするおそれがある場合はそのリスクなどを説明する必要がある ・金融商品販売業者が説明義務を怠って、顧客が損害を被った場合は、金融商品販売業者に損害賠償責任が発生する
消費者 契約法	・事業者による不適切な行為によって、消費者が誤認・困惑して契約の申込みをした場合には、消費者はそれを取り消すことができる
金融商品 取引法	・金融商品取引業者は、顧客の知識、経験、財産の状況、契約締結の目的と照らして不適当な勧誘を行ってはならないというルール（適合性の原則）を設けている

Topic 4 元本保証で安心!
金利が低いのが難点だけど…

預貯金

3

金融資産運用

まずは利息について
ちょっと知っておこう!

　金融商品のうち、預金や貯金のように、元本が保証されていていつでも引き出せる商品を**貯蓄型金融商品**といいます。

◇単利と複利

　銀行等に一定期間お金を預けておくと、利息がつきます。利息は元本に利率を掛けて計算しますが、この利息の計算方法には**単利**（たんり）と**複利**（ふくり）があります。

利息の計算方法

単利	預け入れた当初の元本についてのみ利息がつく計算方法
	元利合計＝元本×（1＋年利率×預入期間）

複利	・一定期間ごとに支払われる利息も元本に含め、これを新しい元本として次の利息を計算する方法 ・利息が支払われる期間によって、1年複利、半年複利、1カ月複利などがある
	【一年複利】　元利合計＝元本×$(1＋年利率)^{年数}$
	【半年複利】　元利合計＝元本×$\left(1＋\dfrac{年利率}{2}\right)^{年数×2}$

複利だと
利息が利息を
生み出し

お金が増える
スピードが
早いです

99

◇固定金利と変動金利

金融商品の金利のタイプには、

・**固定金利**　←預け入れたときからずっと金利が変わらない
・**変動金利**　←市場金利の変動によって一定期間ごとに金利が見直される

があります。

　預入れをしたときの金利が高く、今後下がっていくことが予想される場合には、固定金利タイプに預け入れるほうが高い金利をキープできるので、有利となります。
　反対に、預入れをしたときの金利が低く、今後上がっていくことが予想される場合には、変動金利タイプに預け入れるほうが有利となります。

これは預金口座に
預け入れる
(利息をもらう)場合
の話です

住宅ローン(借入れ)の場合には
逆になり、現在の金利が高く
今後下がっていくことが予想される場合には
変動金利のほうが有利になり
現在の金利が低く
今後上がっていくことが予想される場合には
固定金利が有利となります

預貯金の種類には どんなのがあるのかな?

　一般的に、銀行や信用金庫等に預け入れたお金を預金（よきん）といい、ゆうちょ銀行やJAバンク等に預けたお金を貯金（ちょきん）といいます。
　なお、**ゆうちょ銀行の預入限度額は 2,600 万円（通常貯金 1,300 万円、定期性貯金 1,300 万円）**となっています。

> 定期性貯金
> 満期のある貯金
> 定期貯金や定額貯金

　代表的な預貯金には次のようなものがあります。

代表的な預貯金の特徴

銀行の預金	ゆうちょ銀行の貯金
普通預金	**通常貯金**
・変動金利 ・利払いは半年ごと	・変動金利 ・利払いは半年ごと
貯蓄預金	**通常貯蓄貯金**
・変動金利 ・一定額以上の残高がある場合には、普通預金より高い金利が適用される ・給与の受取口座や公共料金などの引落口座としては利用できない	・変動金利 ・一定額以上の残高がある場合には、通常貯金より高い金利が適用される ・給与の受取口座や公共料金などの引落口座としては利用できない
スーパー定期	**定期貯金**
・固定金利 ・預入期間は1カ月以上10年以内が一般的 ・預入期間が3年未満は単利型のみ ・預入期間が3年以上は単利型と半年複利型の選択(半年複利型は個人のみ)	・固定金利 ・預入期間が3年未満は単利型 ・預入期間が3年以上は半年複利型 ・いつでも解約可能だが、中途解約利率が適用される
期日指定定期預金	**定額貯金**
・固定金利(1年複利) ・預入期間は1年以上3年以内が一般的 ・預け入れてから1年経てば自由に満期日を指定できる(ペナルティなしで解約可能)	・固定金利(半年複利型) ・預入期間は6カ月以上10年以内(自由満期) ・預け入れてから6カ月経てば自由にペナルティなしで解約可能
大口定期預金	
・固定金利(単利型のみ) ・預入期間は1カ月以上10年以内が一般的 ・預入金額は1,000万円以上	

うちは これだけよ

ふつう預金

やってみよう！

「お金ノート」使用
→レッスン 4

ここで、自分が持っている預貯金の状況を
「お金ノート」にまとめておきましょう

Topic 5 「個人向け国債」ってどんなものだろう?

債券

社会人なら知っておくべき

「国債」とか「社債」ってどういう性質のもの?

　国や地方公共団体、企業などが、資金調達のために投資家からお金を借りることがあります。このときに発行する借用証書のようなものを**債券**といい、債券には

- **国　債**　←国が発行。国の借金
- **地方債**　←地方公共団体が発行。地方公共団体の借金
- **社　債**　←一般（事業）会社が発行。会社の借金
- **金融債**　←金融機関が発行。金融機関の借金

などがあります。

　債券を持っていると、一定期間ごとに利息（額面金額×表面利率）が支払われます。そして、償還期限（返済期限）になると、債券の発行者からお金が払い戻されます。

債券に関する用語の説明

用語	意味
償還期限	返済期限。満期日ともいう
額面金額	債券に記載された金額。この金額で償還される（払い戻される）
発行価格	債券が新規に発行されるときの価格。借入金額のこと
表面利率	額面金額に対する利率。クーポンレートともいう

なお、債券は償還期限前にほかの人に売却することもできます。

◇債券の発行価格

債券は必ずしも額面金額で発行されるわけではありません。債券の発行価格は「額面100円あたりいくら」で表示され、額面100円あたり100円（額面と同額）で発行される場合を**パー発行**、100円未満（額面未満）で発行される場合を**アンダー・パー発行**、100円超（額面より高い金額）で発行される場合を**オーバー・パー発行**といいます。

「額面100円あたり98円で発行」だったらアンダー・パー発行ですね！

よく聞く「個人向け国債」…概要を知っておこう

個人向け国債は、購入者を個人に限定した国債で、償還期限が10年の変動金利型、償還期限が5年の固定金利型、償還期限が3年の固定金利型の3種類があります。

個人向け国債

	変動10年	固定5年	固定3年
償還期限	10年	5年	3年
金利	変動金利	固定金利	固定金利
利払い	年2回		
適用利率	基準金利×0.66	基準金利－0.05％	基準金利－0.03％
最低保証金利	0.05％		
購入単位	1万円以上1万円単位		
中途換金	1年経過後、中途換金可能		
中途換金時の調整額	直前2回分の各利子相当額（税引後）が差し引かれる		
発行頻度	毎月		

債券に関する 4つの利回りをおさえておこう!

　当初の投資額に対する、年間の収益（利息と償還差損益）の割合を**利回り**^{りまわ}といいます。債券の利回りには、**直接利回り**、**応募者利回り**、**最終利回り**、**所有期間利回り**の4つがあります。

債券の利回り

直接利回り	購入価格に対する毎年の利息収入の割合
	$$直接利回り（\%）＝\frac{利率}{購入価格}×100$$
応募者利回り	債券を発行時に購入し、償還まで所有した場合の利回り
	$$応募者利回り（\%）＝\frac{利率＋\dfrac{額面－発行価格}{償還期限}}{発行価格}×100$$
最終利回り	すでに発行されている債券を時価で購入し、償還まで所有した場合の利回り
	$$最終利回り（\%）＝\frac{利率＋\dfrac{額面－購入価格}{残存年数}}{購入価格}×100$$
所有期間利回り	債券を購入し、償還前に売却した場合の利回り
	$$所有期間利回り（\%）＝\frac{利率＋\dfrac{売却価格－購入価格}{所有期間}}{購入価格}×100$$

試験では利回りの計算はよく出ます

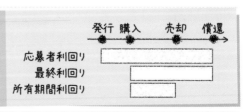

わりと安全…とはいえ
投資商品だからリスクもある!

　債券は定期的に利息を受け取ることができ、最後には額面で償還されるので、金融商品の中でも比較的安全な資産とされています。

　しかし、投資商品なので、ほかの金融商品のように債券にもリスクはあります。債券のリスクには、**価格変動リスク**や**信用リスク**などがあります。

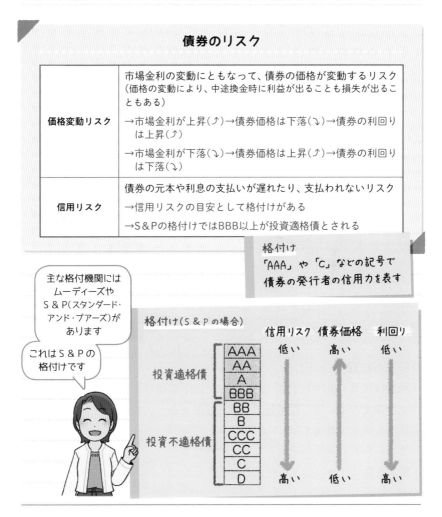

債券のリスク

価格変動リスク	市場金利の変動にともなって、債券の価格が変動するリスク（価格の変動により、中途換金時に利益が出ることも損失が出ることもある） →市場金利が上昇(↗)→債券価格は下落(↘)→債券の利回りは上昇(↗) →市場金利が下落(↘)→債券価格は上昇(↗)→債券の利回りは下落(↘)
信用リスク	債券の元本や利息の支払いが遅れたり、支払われないリスク →信用リスクの目安として格付けがある →S＆Pの格付けではBBB以上が投資適格債とされる

格付け
「AAA」や「C」などの記号で債券の発行者の信用力を表す

主な格付機関にはムーディーズやS＆P（スタンダード・アンド・プアーズ）があります

これはS＆Pの格付けです

格付け（S＆Pの場合）

		信用リスク	債券価格	利回り
		低い	高い	低い
投資適格債	AAA AA A BBB			
投資不適格債	BB B CCC CC C D			
		高い	低い	高い

105

Topic 6 「株」ってよく聞くけど、しくみや 買い方ってどうなっているの?

株式

社会人なら知っておくべき

株式制度の基本と 上場株式の売買の仕方を知っておこう!

株式会社は、**株式**という証券を発行し、それを投資家（**株主**）に買ってもらうことによって資金を調達しています。株式の発行によって調達した資金は、株主からの出資なので、あとで株主に返す必要はありませんが、会社が活動して儲けを得たら、**配当**という形で株主に儲けの一部を分配します。これが株式制度の基本です。

◇株式の単位

株式を売買するときの最低取引単位を**単元**といい、原則として株式の売買は単元の整数倍で行われます。

> 1単元が100株の銘柄の場合
> 200株(100株×2単元)
> を購入することはできますが

> 250株や330株など
> の購入はできません

◇株式の売買

株式は通常、証券取引所（金融商品取引所）を通じて売買されます。上場株式の注文方法には、**指値注文**と**成行注文**があり、指値注文より成行注文のほうが優先されます。

また、株式の売買が成立した日を含めて **3営業日目**に代金の受渡しが行われます。

営業日
土日祝日を除いた平日

指値注文と成行注文

指値注文	売買価格を指定して注文する方法 →「A社株式を@200円(以下)で100株買いたい」…買い注文 →「B社株式を@300円(以上)で100株売りたい」…売り注文
成行注文	売買価格を指定しないで注文する方法 →「A社株式をいくらでもいいから100株買うよ」
ポイント	・指値注文より、成行注文のほうが優先される ・同一銘柄で複数の指値注文がある場合、売り注文では最も低い価格が、買い注文では最も高い価格が優先される ・同一銘柄について、同一価格で複数の指値注文がある場合は時間の早い注文が優先される

株式投資をするさいに
知っておきたい指標はこれ!

株式投資をするときは、相場指標や個別銘柄の指標を参考にして、売買する銘柄やタイミングを判断します。

◇相場指標

株式市場の相場水準や動きを見るための指標として、**日経平均株価(日経225)、東証株価指数(TOPIX)、売買高**などがあります。

相場指標

日経平均株価 (日経225)	東証プライム市場に上場されている銘柄のうち、代表的な225銘柄の株価を修正平均した株価 →株価の高い銘柄の影響を受けやすい
東証株価指数 (TOPIX)	東証に上場されている全銘柄から流通株式総数100億円未満の株式を除いた時価総額を指数化したもの
売買高	証券取引所で売買契約が成立した株式の総数

◇個別銘柄の判断基準となる指標

個別銘柄の判断基準となる指標には、**PER（株価収益率）**、**PBR（株価純資産倍率）**、**ROE（自己資本利益率）**、**配当利回り**、**配当性向**などがあります。

個別銘柄の判断基準となる指標

PER （株価収益率）	株価が1株あたり純利益の何倍になっているかを見る指標 →PERが低い銘柄は割安、高い銘柄は割高といえる $$PER（倍）=\frac{株価}{1株あたり純利益}$$
PBR （株価純資産倍率）	株価が1株あたり純資産の何倍になっているかを見る指標 →PBRが低い（1倍に近い）銘柄は割安、高い銘柄は割高といえる $$PBR（倍）=\frac{株価}{1株あたり純資産}$$
ROE （自己資本利益率）	株主が出資したお金を使って、どれだけ利益をあげたかを見る指標 →ROEが高い会社は儲け上手 $$ROE（\%）=\frac{当期純利益}{自己資本（純資産）}\times100$$
配当利回り	投資額（株価）に対する配当金の割合を見る指標 $$配当利回り（\%）=\frac{1株あたり配当金}{株価}\times100$$
配当性向	会社が儲けた利益のうち、どれだけ株主に配当したかを見る指標 $$配当性向（\%）=\frac{配当金総額}{当期純利益}\times100$$

1株あたり純利益

$$1株あたり純利益=\frac{当期純利益}{株式数}$$

1株あたり純資産

$$1株あたり純資産=\frac{純資産}{株式数}$$

【例】A社のデータ

株価	300円
当期純利益	20億円
純資産（自己資本）	100億円
年間配当金総額	6億円
発行済株式総数	1億株

試験でよく出るので
数字を使って
計算してみましょう

PER

1株あたり純利益： $\dfrac{20\,億円}{1\,億株} = 20\,円$

PER： $\dfrac{300\,円}{20\,円} = 15\,倍$

PBR

1株あたり純資産： $\dfrac{100\,億円}{1\,億株} = 100\,円$

PBR： $\dfrac{300\,円}{100\,円} = 3\,倍$

ROE

ROE： $\dfrac{20\,億円}{100\,億円} \times 100 = 20\%$

配当利回り

1株あたり配当金： $\dfrac{6\,億円}{1\,億株} = 6\,円$

配当利回り： $\dfrac{6\,円}{300\,円} \times 100 = 2\%$

配当性向

配当性向： $\dfrac{6\,億円}{20\,億円} \times 100 = 30\%$

これらの数値は
業界平均や同業他社の数
値と比較して判断します

私はコレで
投資先を選ぶわ！

焼肉優待券
○○社

金融資産運用

Topic 7 投資の専門家に 運用してもらうのもいいよね!

投資信託

社会人なら知っておくべき

投資家から少しずつ集めたお金を 投資の専門家が運用する〜投資信託〜

　投資信託は、多数の投資家から集めた資金を、投資の専門家が株式や不動産などに分散投資する金融商品で、そこから得た利益は投資家に配分されます。

> 分散投資するので
> リスクをおさえた
> 運用が可能です

◇投資信託のしくみ

　投資信託には、会社型と契約型がありますが、日本の場合、ほとんどが契約型です。

　契約型の投資信託は、運用会社と信託銀行が信託契約を結ぶことによって成立し、運用されます。

契約型投資信託

	主な役割
販売会社 （証券会社等）	・投資信託の募集、販売 ・目論見書、運用報告書の交付　など
運用会社 （投資信託会社） 委託者	・運用の指図 ・目論見書、運用報告書の作成　など
管理会社 （信託銀行） 受託者	・株式や債券等の売買 ・信託財産の管理　など

信託契約（運用会社（投資信託会社）委託者・管理会社（信託銀行）受託者）

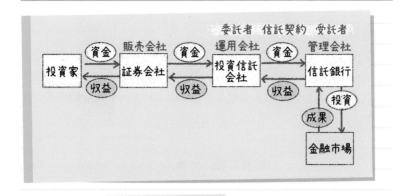

目論見書（投資信託説明書）
投資信託の説明書。投資信託の目的、
投資方針などが記載されている書類

◇投資信託のコスト

　投資信託のコストとして、購入時は**購入時手数料**が、運用期間中は**運用管理費用（信託報酬）**が、中途換金時には**信託財産留保額**がかかります。

投資信託のコスト

購入時手数料	購入時に販売会社に支払う手数料 →購入時手数料がかからない投資信託もある（ノーロード） →購入時手数料は販売会社によって異なる
運用管理費用 （信託報酬）	販売会社、運用会社、管理会社に対するそれぞれの業務に対する手間賃 →日々、信託財産から差し引かれる
信託財産留保額	中途解約したときに徴収される手数料 →中途解約した投資家の換金代金から差し引かれる

ノーロードのところは…

投資信託には
どんなものがあるの?

　投資信託は、投資対象や購入時期などによっていくつかに分類することができます。

投資信託の分類

投資対象による分類	
公社債投資信託	株式を一切組み入れないで運用する投資信託
株式投資信託	株式を組み入れて運用できる投資信託
購入時期による分類	
追加型(オープン型)	いつでも購入できる投資信託
単位型(ユニット型)	募集期間中だけ購入できる投資信託
解約の可否による分類	
オープンエンド型	いつでも解約できる投資信託
クローズドエンド型	運用期間中、解約ができない投資信託

◇MRF

　代表的な公社債投資信託にMRF(マネー・リザーブ・ファンド)があります。
　MRFは

・いつでもペナルティなしで解約できる
・毎日収益が計上され、その収益は月末にまとめて再投資される

という特徴があります。

◇運用スタイルによる分類

　投資信託の運用方法には、目安となる指標（ベンチマーク）に連動した運用成果を目標とする**インデックス運用（パッシブ運用）**と、ベンチマークを上回る運用成果を目標とする**アクティブ運用**があります。また、アクティブ運用の場合、いくつかの投資スタイルがあります。

運用スタイルによる分類

インデックス運用（パッシブ運用）		ベンチマークに連動した運用成果を目標とする運用スタイル
アクティブ運用		ベンチマークを上回る運用成果を目標とする運用スタイル
	トップダウン・アプローチ	マクロ的な投資環境（経済社会全体の動き）を予測し、❶国・地域→❷業種→❸個別銘柄を選択する運用スタイル
	ボトムアップ・アプローチ	個別企業の調査・分析から投資対象を決定する運用スタイル
	グロース型	将来的に成長が見込める銘柄に投資する運用スタイル
	バリュー型	割安な銘柄に投資する運用スタイル

アクティブ運用の投資信託はいろんな分析・手法を使ってハイリターンを目指すのでコストが高くなります

◇上場している投資信託

　証券市場に上場されていて、上場株式と同様の購入、売却ができる投資信託に、**ETF**や**J-REIT**などがあります。

上場している投資信託

ETF	証券市場に上場されている投資信託。日経平均株価やTOPIXなどの指数に連動するように運用されるインデックス型と、そのような連動対象となる指数を定めないアクティブ型がある
J-REIT（上場不動産投資信託）	投資家から集めた資金を不動産に投資して、そこから得られた利益を投資家に分配する投資信託

Topic 8 「外貨預金」とか「FX」とか「先物」とかってどんなもの？

ざっと読もう

外貨建て金融商品の取引では為替リスクがあることに注意！

　取引価格がドルやユーロなど、外貨建てで表示されている金融商品を**外貨建て金融商品**といいます。

◇為替レート

　外貨建て金融商品の売買をするときは、円から外貨に換えたり、外貨から円に換える必要があります。このとき、為替レートを用いますが、円を外貨に換えるときの為替レートは TTS を、外貨を円に換えるときの為替レートは TTB を用います。

TTSとTTB

TTS（対顧客電信売相場）	円から外貨に換算するときの為替レート →銀行から見ると顧客に外貨を売っている（Selling）
TTB（対顧客電信買相場）	外貨から円に換算するときの為替レート →銀行から見ると顧客から外貨を買っている（Buying）

「銀行」の立場から見て「外貨」を売っているのか「外貨」を買っているのかで判断します

　なお、基準となる為替レート（仲値）を TTM といいます。

◇為替リスク

　為替レートは日々変動しているので、外貨建て取引では、為替レートの変動による影響（為替リスク）が生じます。

　たとえば、1 ドル 100 円のときに 10 ドルの外貨預金をすると、預入時に顧客が銀行に支払う円貨は

　　10 ドル × 100 円 ＝ 1,000 円

です。これを 1 ドル 120 円になったときに、払い戻して円貨にすると

　　10 ドル × 120 円 ＝ 1,200 円

となるので、200 円の利益（1,200 円 − 1,000 円）が生じます。この為替レートの変動によって生じた利益を**為替差益**といいます。

　一方、1 ドル 100 円のときに 10 ドルの外貨預金をして、1 ドル 90 円のときに、払い戻して円貨にすると

　　10 ドル × 90 円 ＝ 900 円

となるので、この場合は 100 円の損失（900 円 − 1,000 円）が生じます。この為替レートの変動によって生じた損失を**為替差損**といいます。

◇主な外貨建て金融商品

　外貨建て金融商品には、**外貨預金、外国債券、外国株式、外貨建てMMF、外国為替証拠金取引（FX）**などがあります。

主な外貨建て金融商品

外貨預金	外貨で行う預金。しくみは円預金と同様 →預金保険制度の対象外 →定期預金の中途換金は一般的にペナルティがある
外国債券	発行者、発行場所、通貨のいずれかが外国である債券

	発行者	発行場所	通貨
サムライ債	外国	日本	円貨
ショーグン債	外国	日本	外貨

外国株式	外国の企業が発行している株式 →取引を行うためには、証券会社に外国証券取引口座を開設する必要がある
外貨建てMMF	外貨建ての公社債投資信託 →株式は一切組み入れていない →売買手数料は無料 →いつでもペナルティなしで換金できる
外国為替証拠金取引(FX)	一定の証拠金を担保として外国通貨の売買を行う取引 →少額の証拠金でその何倍もの取引をすることができる(レバレッジ) →二国間の金利差から生じるスワップポイントの受払いがある

FXはレバレッジによって
少額資金で何倍もの取引を
することができるので
ハイリスク・ハイリターン
の取引といえます

なお、レバレッジは1倍
（効果としては外貨預金と同じ）
として取引することも
できます

先物取引、オプション取引、スワップ取引。
これらをデリバティブ取引という!

　株式や債券などの原始的な金融商品から派生して生まれた金融商品を**デリバティブ**といい、デリバティブを扱う取引を**デリバティブ取引**といいます。

　デリバティブ取引には、**先物取引、オプション取引、スワップ取引**などがあります。

デリバティブ取引

先物取引	将来の一定時点において、特定の商品を一定の価格で、一定の数量だけ売買することを約束する取引 たとえば、7月の時点で「10月にお米 10kg を 5,000 円で買う(売る)」と決めた場合、10月になって実際の価格が 6,000 円になっていても、約束どおり 5,000 円のままで取引がされる
オプション取引	将来の一定時点に、一定の価格で、特定の商品を売買する権利を売買する取引 →買う権利をコール・オプション、売る権利をプット・オプションという
スワップ取引	異なる金利タイプから生じる利息や、異なる通貨から生じる利息などを交換(スワップ)する取引

私は いいや…

これらの取引は
リスクが高いので
投資初心者は手を出さない
ほうがいいと思います

Topic 9 リスクを減らすための投資の仕方は？

ポートフォリオ

ざっと読もう

分散投資すれば
リスクを減らすことができる!

　たとえば、株式投資をするときに、自動車会社の株式だけに投資するのではなく、ほかにゲーム会社や食品会社の株式にも投資しておくことにより、自動車業界が不況で自動車会社の株式に損失が出ても、ほかの会社の株式で利益が出ていれば、損失をカバーすることができます。

　このように、性格の異なる複数の銘柄・金融商品に投資することによって、リスクを減らし、安定した運用を行うことを**ポートフォリオ運用**といいます。

> ポートフォリオ
> 所有する資産の組み合わせ

　また、投資資金を国内株式、国内債券、海外債券、不動産などの複数の異なる資産（アセット）に配分（アロケーション）して運用することを、**アセットアロケーション**といいます。

> アセットアロケーションが
> 「資産クラスの組み合わせ」
> ポートフォリオが
> 「具体的な金融商品の組み合わせ」
> というカンジです

◇期待収益率

　投資家が対象となる資産を運用することによって得られると期待できる平均的な収益率を**期待収益率**といいます。

所有するポートフォリオ（全体）の期待収益率は、

各資産の期待収益率に、ポートフォリオの構成比率を掛けた値の合計

となります。

数字を使って
計算してみましょう

【例】

	期待収益率	ポートフォリオ の構成比率
資産A	0.6%	0.5(50%)
資産B	3.0%	0.3(30%)
資産C	9.0%	0.2(20%)

ポートフォリオの期待収益率
0.6%× 0.5 + 3.0%× 0.3 + 9.0%× 0.2 = 3%

◇リスクの低減効果と相関係数

ポートフォリオのリスクを減らすためには、できるだけ異なる値動きをする資産や銘柄を組み合わせることが必要です。

組み入れる資産や銘柄の値動きが同じか、異なるかを見るときには、**相関係数**という係数を使います。

相関係数は−1から1の間で動き、−1に近づくほど、リスク低減効果は大きくなります。

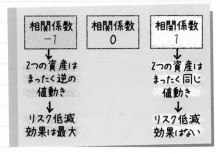

相関係数 −1	相関係数 0	相関係数 1
↓		↓
2つの資産は まったく逆の 値動き		2つの資産は まったく同じ 値動き
↓		↓
リスク低減 効果は最大		リスク低減 効果はない

Topic 10 儲けが出たり、配当をもらったり したら、税金がかかるのさ…

金融商品 と税金

ざっと読もう

特定口座で「源泉徴収あり」だと 確定申告しなくていいからラクチン

　株式を所有し、配当金を受け取ったときや、株式を売却して儲けが出たときなど、金融商品から生じた利益には、所得税や住民税が課されます。

　金融商品の課税方法には、

・総合課税　←←←１年間の所得をほかの所得と合算して所得税額を計算する方法

　　　　　　納税者が確定申告して、自分で税額を計算・納付する

・申告分離課税　←１年間の所得をほかの所得と分けて所得税額を計算する方法

　　　　　　納税者が確定申告して、自分で税額を計算・納付する

・源泉分離課税　←支払いを受けるときに税額が天引き（源泉徴収）されて、納税が完結する方法。納税者は確定申告しなくていい

の３つがあります。

税金の話は
くわしくは
Subject4で!

　金融商品から生じた所得に応じて、課税方法が異なりますが、原則や例外などがいくつかあってややこしいので、本書では上場株式にかかる税金のみ簡単に説明しておきます。

◇上場株式にかかる税金

　所有する上場株式を売却して儲け（売却益）が出たときは、**譲渡所得**として**申告分離課税**の対象となります。なお、税率は **20.315%**（所得税 15%、復興特別所得税 0.315%、住民税 5%）です。

> **譲渡所得**
> 土地、建物、株式、公社債などの資産を売却（譲渡）することによって生じる所得

　また、株式を持っていると、一定期間ごとに配当金を受け取ることができます。株式の配当金は、**配当所得**として課税の対象となります。

> **配当所得**
> 株式の配当金や投資信託の収益分配金などの所得

　配当金の支払いを受けるさいに **20.315%**（所得税 15%、復興特別所得税 0.315%、住民税 5%）が源泉徴収されるため、**申告不要制度**を選択すれば、その後、確定申告をする必要はなくなります。また、確定申告をして、**総合課税**（原則）や**申告分離課税**を選択することもできます。

　なお、**配当控除を受けるためには、総合課税を選択する必要があります。**
　また、譲渡損失がある場合には、**申告分離課税を選択すると、上場株式等の譲渡損失と配当所得を損益通算することができます。**

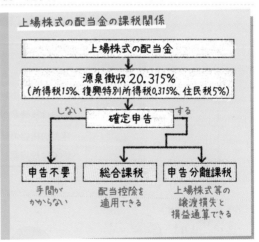

上場株式の配当金の課税関係

> **配当控除**
> 配当所得がある場合、一定額を所得税から控除できるという制度（税額控除）

> **損益通算**
> 黒字と赤字を相殺すること
> →詳細は Subject 4で!

◇特定口座と一般口座

上場株式の売却益は、譲渡所得として申告分離課税の対象となるので、本来であれば納税者（投資家）が自分で税額を計算し、申告・納付しなければなりません。

しかし、それだと投資家の負担が大きいので、上場株式等から生じた損益については、証券会社が投資家に代わって、税額を計算してくれるしくみがあります。

証券会社で口座を開設するとき、**特定口座**と**一般口座**のいずれかを選ぶ必要があるのですが、特定口座を選ぶと、証券会社が投資家に代わって、上場株式等から生じた損益の計算をしてくれます。

また、特定口座には、「**源泉徴収あり**」と「**源泉徴収なし**」があり、「源泉徴収あり」を選択すると、売却益にかかる税金が源泉徴収されて、納税関係が終了します（確定申告は不要となります）。

これに対して、**一般口座**を選んだ場合には、上場株式等から生じた損益の計算や納税はすべて投資家本人が行わなければなりません。

特定口座と一般口座

特定口座	源泉徴収あり	・年間の損益の計算は証券会社が行う ・売却益にかかる税金は源泉徴収される
	源泉徴収なし	・年間の損益の計算は証券会社が行う ・納税は投資家が行う
一般口座		・年間の損益の計算は投資家が行う ・納税は投資家が行う

特定口座の源泉徴収ありでラクラク！

証券会社の口座にはこれ以外に NISA 口座（次ページ）があります。

Topic 11 「ニーサ、ニーサ」とよく聞くが、それってなに？

NISA

ふつうは儲けが出たら税金がかかるけど税金がかからない制度がある！〜NISA〜

NISA（少額投資非課税制度）とは、NISA 口座内で行う、毎年一定額までの投資から得られる収益（売却益や配当金）には税金がかからないという制度をいいます。

NISA 口座では、NISA 口座内で新たな資金で買い付けた上場株式や株式投資信託等のみ保有できます。

したがって、特定口座や一般口座で買い付けた上場株式や株式投資信託等をNISA 口座に移すことはできません

2023 年 12 月までは、つみたて NISA、一般 NISA、ジュニア NISA の 3 種類がありましたが、2024 年 1 月以降は、NISA が一本化（ジュニア NISA は廃止）され、その中に**つみたて投資枠**と**成長投資枠**の 2 つの枠があります。

2024年からのNISA（新NISA）

	つみたて投資枠	成長投資枠
対象年齢	18歳以上	
非課税期間	無期限	
対象商品	長期の積立て・ 分散投資に適した投資信託	上場株式・投資信託・ETF
年間投資枠	年間120万円	年間240万円
非課税 保有上限	買付残高1,800万円 （うち成長投資枠1,200万円）	
両制度の併用	可	
その他	・NISA口座内で生じた損失は、他の口座で生じた売買益や配当 金と損益通算できない ・同一年に利用できる非課税口座は1人1口座	

やってみよう！

ここで、自分が持っている金融資産の内容と
金額（現時点の時価など）を
「お金ノート」にまとめておきましょう

「お金ノート」使用
→レッスン5

保有している資産
と金額を明らかに
しておきましょう

タックスプランニング

給料から毎月天引きされている所得税

12月の年末調整で「所得税が戻ってきた!」

と喜ぶ人も多いと思いますが

みなさん、自分が納めている所得税が

どのように計算されているのか

知っていますか?

Topic 1 私の稼ぎにかかる税金＝所得税 …ってどんな税金?

所得税の基本

そもそも「税金」って どんなものがあるの?

　日本にはさまざまな税金がありますが、私たち個人が稼いだ所得にかかる税金には、**所得税**と**住民税**があります。

　税金は性質や納付方法などによって、いくつかに分類することができます。

◇国税と地方税

　誰が課税するのかという面から、税金は

- **国　税**　←「国」が課税。所得税、法人税、相続税、消費税、登録免許税など
- **地方税**　←「地方公共団体」が課税。住民税、事業税、固定資産税、地方消費税など

に分かれます。

◇直接税と間接税

　誰が税金を納めるのかという面から、税金は

- **直接税**　←税金を負担する人が自分で納める税金。所得税、住民税、法人税、相続税など
- **間接税**　←税金を負担する人と納める人が異なる税金。消費税など

に分かれます。

◇申告納税方式と賦課課税方式

税金の課税方法には、

・**申告納税方式**　←納税者が自分で税額を計算して申告。所得税、法人税、相続税など
・**賦課課税方式**　←課税する側が税額を計算して納税者に通知。（個人）住民税、固定
　　　　　　　　　　資産税など

があります。

◇超過累進税率と比例税率

税金の税率には、

・**超過累進税率**　←所得が多くなると高い税率が適用される。所得税、相続税など
・**比　例　税　率**　←所得にかかわらず、税率は同じ。法人税、消費税など

があります。

> 以上より所得税は
> 「国税」で「直接税」
> 課税方法は「申告納税方式」
> 税率は「超過累進税率」
> ということになります

▌所得税ってどういうふうにして
▌計算されているの?

所得税の計算における所得とは、

> 所得＝収入－必要経費

個人が1年間（1月1日から12月31日まで）に稼いだ収入から、
これを得るためにかかった必要経費を差し引いた金額

をいい、この所得に対してかかる税金が所得税です。

なお、次の所得には税金はかかりません（非課税）。

所得税が非課税となるもの
・通勤手当（月15万円まで）
・社会保険の給付金（失業・障害・遺族給付など）
・生活用動産（30万円超の貴金属等を除く）の譲渡による所得
・身体の傷害等に起因して支払われる保険金　など

◇所得税の計算の流れ

所得税の税額は、次の流れで計算します。

所得税の計算の流れ

Step1　所得を10種類に分け、それぞれの所得金額を計算する
↓
Step2　各所得金額を合算して、課税標準を計算する
↓
Step3　課税標準から所得控除を差し引いて、課税所得金額を計算する
↓
Step4　課税所得金額に税率を掛けて所得税額を計算する
↓
Step5　所得税額から税額控除を差し引いて申告納税額を計算する

10種類の所得
❶利子所得　　❷配当所得　　❸不動産所得　　❹事業所得
❺給与所得　　❻退職所得　　❼山林所得　　　❽譲渡所得
❾一時所得　　❿雑所得

◇総合課税と分離課税

各所得金額は、原則として合算されて課税（**総合課税**）されますが、一部の所得については、ほかの所得と分けて課税（**分離課税**）されます。

なお、分離課税には、自分で税額を申告するタイプのもの（**申告分離課税**）と、所得から天引きされて課税関係が終わるタイプのもの（**源泉分離課税**）があります。

預貯金の利子は
最初から20.315%の
税金が天引きされて
口座に入金されて
いますよね？

こういうのが
源泉分離課税です

Topic 2 確定申告、年末調整、源泉徴収…ってなに？

所得税の申告と納付

社会人なら知っておくべき

2月16日から3月15日までの間に自分で申告 ～確定申告～

　所得税は、納税者が1年間（1月1日から12月31日まで）に得た所得にもとづいて、自分で所得税額を計算して、申告・納付しなければなりません。これを**確定申告**といいます。

　確定申告期間は、原則として翌年の**2月16日**から**3月15日**までです。

> ちなみに還付（すでに納付している所得税額が適正な所得税額よりも多かったときに返してもらうこと）のために申告するときは2月16日より前や3月15日より後に申告することができます

　なお、納税者が死亡した場合には、その遺族（相続人）が死亡した人の確定申告を行います（**準確定申告**）。この場合の申告期間は、相続のあったことを知った日の翌日から**4カ月以内**です。

会社員だったらメンドクサイ計算を 会社が代わりにやってくれる！ ～年末調整～

　会社員等の場合、一般的に、給料の支払いのさいに一定額の所得税が控除されて、残額が支払われています。このように給与等を支払う人（会社等）が、支払いをするさいに一定の方法で所得税を計算して、その金額を給与等からあらかじめ差し引くことを**源泉徴収**といいます。

◇年末調整と源泉徴収票

年末の給与支払時には、会社が本人に代わって、正しい所得税額を計算し、源泉徴収した税額との差額を精算します。

これを**年末調整**といい、年末調整の結果は**源泉徴収票**に記載して会社員等に渡します。

これが源泉徴収票です
源泉徴収票の見方は
またあとで説明しますね

××年分　給与所得の源泉徴収票

支払を受ける者	住所又は居所	東京都練馬区×××	（受給者番号）
			（役職名）
			氏名 （フリガナ）ヤマダイチロウ　山　田　一　郎

種別	支払金額	給与所得控除後の金額（調整控除後）	所得控除の額の合計額	源泉徴収税額
給与・賞与	6 000 000	4 360 000	2 447 960	97 600

（源泉）控除対象配偶者の有無等	配偶者（特別）控除の額	控除対象扶養親族の数（配偶者を除く。）				16歳未満扶養親族の数	障害者の数（本人を除く。）		非居住者である親族の数
		特定	老人	その他			特別	その他	
有　従有	千円	人　従人	内　人	従人	人　従人	人	内　人	人	人
○	380 000	1							

社会保険料等の金額	生命保険料の控除額	地震保険料の控除額	住宅借入金等特別控除の額
内　千円	円	円	千円
837 960	100 000	20 000	

（摘要）

生命保険料の金額の内訳	新生命保険料の金額	円	旧生命保険料の金額	110,000	介護医療保険料の金額	円	新個人年金保険料の金額	円	旧個人年金保険料の金額	130,000
住宅借入金等特別控除の額の内訳	住宅借入金等特別控除適用数		居住開始年月日（1回目）	年 月 日	住宅借入金等特別控除区分（1回目）		住宅借入金等年末残高（1回目）	円
	住宅借入金等特別控除可能額	円	居住開始年月日（2回目）	年 月 日	住宅借入金等特別控除区分（2回目）		住宅借入金等年末残高（2回目）	円

（源泉・特別）控除対象配偶者	（フリガナ）ヤマダジュンコ	区分	配偶者の合計所得	0	国民年金保険料等の金額	円	旧長期損害保険料の金額	円
	氏名　山田　純子				基礎控除の額	円	所得金額調整控除額	円

控除対象扶養親族	（フリガナ）ヤマダアツシ	区分	16歳未満の扶養親族	（フリガナ）	区分
	氏名　山田　敦			氏名	
	（フリガナ）	区分		（フリガナ）	区分
	氏名			氏名	
	（フリガナ）	区分		（フリガナ）	区分
	氏名			氏名	
	（フリガナ）	区分		（フリガナ）	区分
	氏名			氏名	

未成年者	外国人	死亡退職	災害者	乙欄	本人が障害者		寡婦	ひとり親	勤労学生	中途就・退職					受給者生年月日			
					特別	その他				就職	退職	年	月	日	元号	年	月	日
															昭和	XX	12	25

支払者	住所（居所）又は所在地	東京都千代田区×××	
	氏名又は名称	○○商事株式会社	（電話）03－××××－××××

◇給与所得者でも確定申告が必要な人

給与所得者は、一般的には給与等から所得税が源泉徴収され、年末調整で所得税の精算が行われるので、改めて確定申告をする必要はないのですが、

- ・給与収入が 2,000 万円を超える人
- ・給与所得、退職所得以外の所得金額が 20 万円を超える人
- ・2 カ所以上から給与を受け取っている人
- ・住宅ローン控除の適用を受ける人（初年度のみ）　→ 2 年目からは不要
- ・雑損控除、医療費控除、寄附金控除の適用を受ける人

は確定申告をしなければなりません。

Topic **3** 10種類の所得の金額って、どうやって計算するの?

所得金額の計算

ざっと読もう

所得税の計算の流れ

いまココ

Step1 所得を10種類に分け、それぞれの所得金額を計算する

Step2 各所得金額を合算して、課税標準を計算する

Step3 課税標準から所得控除を差し引いて、課税所得金額を計算する

Step4 課税所得金額に税率を掛けて所得税額を計算する

Step5 所得税額から税額控除を差し引いて申告納税額を計算する

4

タックスプランニング

10種類の所得ってどんなものがあってそれぞれどうやって計算するの?

10種類の所得には、次のものがあります。

◇利子所得

利子所得とは、預貯金や公社債の利子などによる所得をいいます。

預貯金の利子については、原則として利子等を受け取るときに20.315%（所得税15%、復興特別所得税0.315%、住民税5%）が源泉徴収されて課税関係が終了します（源泉分離課税）。なお、国債等の利子は申告分離課税です（または申告不要とすることができます）。

◇配当所得

配当所得とは、株式の配当金や投資信託の収益分配金などによる所得をいいます。

上場株式等の配当等については、配当時に20.315%が源泉徴収されます。

配当所得は、原則として**総合課税**ですが、上場株式等の配当所得については**申告分離課税**や**申告不要**とすることができます。

◇不動産所得

不動産所得とは、**不動産の貸付けに**よる所得をいい、土地の賃貸料やアパートの家賃収入などがあります。

不動産所得は、総収入金額から必要経費を差し引いて計算します。

> 不動産の「譲渡」による所得は「譲渡所得」

不動産所得の計算

不動産所得＝総収入金額－必要経費（－青色申告特別控除額）

総収入金額に含める金額	必要経費
・家賃 ・地代 ・礼金 ・更新料 ・返還不要の敷金　など	・固定資産税、不動産取得税 ・損害保険料 ・減価償却費 ・賃貸不動産の借入金の利子　など

> 返還が必要な敷金は収入金額に含めない！

> 青色申告特別控除額は青色申告者に認められるちょっとお得な制度です

> 詳しくはTopic 9 で説明します

不動産所得は**総合課税**です。

◇事業所得

事業所得とは、製造業、サービス業、小売業、農業などの事業を営んでいる人が、事業によって得た所得をいいます。

事業所得は、総収入金額から必要経費を差し引いて計算します。

事業所得＝総収入金額－必要経費（－青色申告特別控除額）

建物や備品、車両などの固定資産は、使用しているうちにその価値がだんだん減ってきます。その価値の減少分を見積もって費用として計上する手続きを**減価償却**（げんかしょうきゃく）というのですが、事業用の固定資産を減価償却して費用化した金額（**減価償却費**（げんかしょうきゃくひ））も必要経費とすることができます。

> 減価償却は
> 建物などの購入代金を
> 分割して経費に計上する
> 手続きです

　なお、減価償却の方法には、**定額法**（ていがくほう）と**定率法**（ていりつほう）があり、選定した方法で減価償却費を計算します。

定額法と定率法

定額法	毎年同額を費用として計上する方法 →建物、建物付属設備、構築物は定額法によって計算する！
定率法	当初の費用計上額が多く、年々費用計上額が減少する方法

建物付属設備
電気設備、空調設備、
給排水設備など

構築物
門、塀など

　事業所得は**総合課税**です。

◇給与所得

　給与所得とは、会社員やアルバイト、パートタイマーなどが、会社から受け取る給料や賞与などの所得をいいます。

　給与所得でも、

・**通勤手当**（月15万円以下）
・**出張旅費**

などは非課税となります。

給与所得は、収入金額から給与所得控除額（**最低55万円**）を差し引いて計算します。

$$給与所得 = 収入金額 - 給与所得控除額$$

給与所得控除額

この表を見て
自分の給与所得を
計算してみましょう

給与の収入金額	給与所得控除額
162.5万円以下	55万円
162.5万円超　180　万円以下	収入金額×40％−　10万円
180　万円超　360　万円以下	収入金額×30％＋　　8万円
360　万円超　660　万円以下	収入金額×20％＋　44万円
660　万円超　850　万円以下	収入金額×10％＋110万円
850　万円超	195万円（上限）

なお、給与収入が850万円を超える場合で、**納税者本人が特別障害者**であったり、**23歳未満の扶養親族がいる**ときは、給与所得の金額からさらに一定額（**所得金額調整控除額**）を控除することができます。

$$所得金額調整控除額 = （給与等の収入金額 - 850万円）× 10\%$$

最高1,000万円

給与所得は**総合課税**で、基本的には確定申告が必要です。

しかし、毎月の給与支給時に税金が源泉徴収されている場合には、年末調整を行うことで確定申告が不要となります。

ただし、**年収が2,000万円超の人**や**給与所得、退職所得以外の所得が20万円超ある人**などは確定申告が必要です。

確定申告が必要な
給与所得者は
Topic 2 で確認して
ください

◇退職所得

　退職所得とは、退職して勤務先から受け取る退職金などの所得をいいます。

　退職所得は、収入金額から退職所得控除額を差し引いた残額に原則として2分の1を掛けて求めます。

$$退職所得＝（収入金額－退職所得控除額）×\frac{1}{2}$$

退職所得の計算は
試験でよく出題
されます

退職所得控除額

勤続年数※	退職所得控除額
20年以下	40万円×勤続年数（最低80万円）
20年超	800万円＋70万円×（勤続年数－20年）

※　勤続年数で1年未満の端数が生じる場合には1年に切り上げる

　退職所得は**分離課税**です。

　なお、退職時に「退職所得の受給に関する申告書」を提出した場合は、退職金等の支払時に適正な税額が源泉徴収されるため、確定申告の必要はありませんが、「退職所得の受給に関する申告書」を提出しなかった場合には、収入金額に対して一律20.42％の源泉徴収が行われるため、あとで確定申告をして、適正な税額との差額を精算します。

◇山林所得

　山林所得とは、所有期間が5年を超える山林を伐採して売却したり、立木のままで売却したときに生じる所得をいいます。

　山林所得は**分離課税**です。

◇譲渡所得

　譲渡所得とは、土地、建物、株式、公社債、投資信託、ゴルフ会員権などの資産を譲渡（売却）することによって生じる所得をいいます。

　なお、資産の譲渡による所得でも、

・生活用動産（家具や衣類など）の譲渡による所得

→ただし、1個（1組）の価額が30万円を超える貴金属、宝石、書画、骨とう
　などの譲渡による所得は除く

などは非課税となります。

　譲渡所得は、譲渡した資産の種類と所有期間によって計算や課税方法が
異なります。

譲渡所得の計算と課税方法

❶下記❷❸以外の資産の譲渡

分類	短期譲渡所得	所有期間が5年以内の資産の譲渡による所得
	長期譲渡所得	所有期間が5年超の資産の譲渡による所得
計算式	譲渡所得＝収入金額－（取得費＋譲渡費用）－特別控除額 　　　　　売却価額　　　　　　　　　　　　　　（最高50万円）	
課税方法	総合課税　　→長期譲渡所得については2分の1だけをほかの所得と合算	

❷土地、建物の譲渡

分類	短期譲渡所得	譲渡した年の1月1日時点の所有期間が5年以内の資産の譲渡による所得
	長期譲渡所得	譲渡した年の1月1日時点の所有期間が5年超の資産の譲渡による所得
計算式	譲渡所得＝収入金額－（取得費＋譲渡費用）－特別控除額 　　　　　売却価額　　　　　　　　　　　（譲渡したものによって異なる）	
課税方法	分離課税　　→長期譲渡所得のほうが低い税率が適用される	

❸株式等の譲渡

計算式	譲渡所得＝収入金額－（取得費＋譲渡費用＋負債の利子） 　　　　　売却価額
課税方法	分離課税

ファイナンシャル・プランナー FP **3**級コース

無理なく合格を目指せる充実のカリキュラム！

| 学習準備 | インプット+アウトプット | 直前対策 |

① 学習ガイドブック（1冊）

② 質問カード（5回分）

③ FPの教科書（1冊）

④ FPの問題集（1冊）

プラス **⑤** 速攻マスターWeb講義（約10時間）

⑥ FPの予想模試（1冊）

プラス **⑦** 解き方Web講義（約2.5時間）

❽ タテスタFP3級 便利なアプリをプラス！

いつでもどこでも学習できる！

ふむふむ…

「FP3級独学道場」料金（10％税込）

コース名	セット内容	料金
フルパック＋タテスタアプリ	①②③④⑤⑥⑦❽	11,550円
フルパック	①②③④⑤⑥⑦	9,900円
教材なしパック	①② ⑤ ⑦	6,930円

※学習用アプリ「タテスタFP3級」は2024年7月下旬以降のリリース予定です。

ファイナンシャル・プランナー FP **3**級 独学道場 チャレンジ！

詳細確認・お申込みは
TAC出版書籍販売サイト「サイバーブックストア」へ！

TAC出版 🔍

https://bookstore.tac-school.co.jp/

FP3級独学道場のページはこちら！

✉ お問い合わせ：sbook@tac-school.co.jp

※この案内書に記載されている内容は2024年4月現在のものです。
これ以降の最新情報およびお申込みについては、TAC出版書籍販売サイト「サイバーブックストア」の「FP3級 独学道場」のページにてご確認ください。

取得費	譲渡費用
資産の購入代金のほか、資産を取得するためにかかった費用 →購入時の仲介手数料など	資産を譲渡するためにかかった費用 →譲渡時の仲介手数料、取壊し費用など

負債の利子
借入金によって購入した株式等を譲渡した場合の、借入金にかかる利子

◇一時所得

一時所得とは、利子所得、配当所得、不動産所得、事業所得、給与所得、退職所得、山林所得、譲渡所得以外の所得のうち、一時的な所得をいいます。

主な一時所得には

・懸賞、福引、クイズの賞金

・競馬、競輪などの払戻金

・生命保険の満期保険金や解約返戻金

ただし、宝くじの当選金、ノーベル賞の賞金などは非課税！

などがあります。

ちなみにスポーツ選手への日本オリンピック委員会（JOC）からの報奨金も原則、非課税です

一時所得は、総収入金額からその収入を得るために支出した金額を差し引き、さらに**最高50万円の特別控除額**を差し引いて求めます。

> 一時所得＝総収入金額－支出額－特別控除額（最高50万円）

一時所得は、総合課税で確定申告が必要です。ただし、

所得金額の2分の1だけをほかの所得と合算

します。

試験で「一時所得の金額はいくら？」と聞かれたら2分の1にする前の金額を答えます

「総所得金額はいくら？」と聞かれたら一時所得に2分の1を掛けた金額で計算します

◇雑所得

雑所得とは、これまでの9種類の所得のどれにもあてはまらない所得をいいます。雑所得は、**公的年金等**と**公的年金等以外**に分けて計算します。

雑所得の例

公的年金等	・老齢基礎年金、老齢厚生年金などの公的年金 ・国民年金基金、厚生年金基金、確定拠出年金などの年金
公的年金等以外	・生命保険などの個人年金の保険金 ・講演料 ・作家以外の原稿料　など

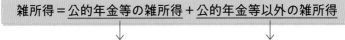

雑所得＝<u>公的年金等の雑所得</u>＋<u>公的年金等以外の雑所得</u>

収入金額－公的年金等控除額　　　総収入金額－必要経費

雑所得は**総合課税**で確定申告が必要です。

公的年金等控除額は
年齢(65歳未満か65歳以上か)や
収入金額によって金額が異なります

Topic 4 — 10種類の所得を計算したら、そのまま合算すればいいの?

課税標準
の計算

ざっと読もう

所得税の計算の流れ

Step1 所得を10種類に分け、それぞれの所得金額を計算する

Step2 各所得金額を合算して、課税標準を計算する ◀ いまココ

Step3 課税標準から所得控除を差し引いて、課税所得金額を計算する

Step4 課税所得金額に税率を掛けて所得税額を計算する

Step5 所得税額から税額控除を差し引いて申告納税額を計算する

税金計算のもととなる所得を計算しよう!

　課税標準とは、税金がかかるもととなる所得の合計額をいいます。

　10種類の所得を総合課税の対象となる所得と分離課税の対象となる所得に分け、総合課税の対象となる所得は合算して、**総所得金額**を計算します。

　なお、一時所得と長期譲渡所得については、所得の金額に2分の1を掛けた金額だけを総所得金額に算入します。

　また、分離課税の対象となる所得は、それぞれ分けて計算します。

◇損益通算

　不動産所得、事業所得、山林所得、譲渡所得（総合課税の譲渡所得）について赤字（損失）が出たときには、他の黒字（利益）と相殺することができます。これを**損益通算**といいます。

　ただし、損益通算できる損失でも、

損益通算できる損失
不動産所得　事業所得
山林所得　　譲渡所得

・不動産所得のうち、土地を取得するためにかかった借入金の利子

・生活に必要でない資産の譲渡損失　←別荘、宝石（時価30万円超）、ゴルフ会員権などを譲渡したときの損失

などは損益通算の対象となりません。

◇損失の繰越控除

　損益通算をしてもなくならなかった赤字（損失）を**純損失**といいます。青色申告者は、純損失を**翌年以降3年間**、繰り越して、各年の黒字の所得から控除することができます。これを**純損失の繰越控除**といいます。

損失の繰越控除には「純損失の繰越控除」と「雑損失の繰越控除」がありますが

本書では「純損失の繰越控除」のみ説明します

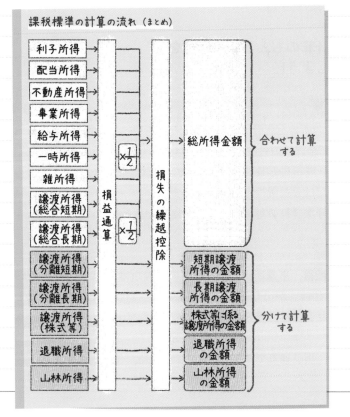

課税標準の計算の流れ（まとめ）

タックスプランニング

Topic 5
扶養家族がいたり、多額の医療費がかかったときは…

所得控除

自分にあてはまるものを確認

所得税の計算の流れ

Step1 所得を10種類に分け、それぞれの所得金額を計算する

Step2 各所得金額を合算して、課税標準を計算する

Step3 **課税標準から所得控除を差し引いて、課税所得金額を計算する** ← いまココ

Step4 課税所得金額に税率を掛けて所得税額を計算する

Step5 所得税額から税額控除を差し引いて申告納税額を計算する

4

タックスプランニング

税金は家族の事情を考慮してくれたり
社会政策上の理由によって計算される!

　「納税者本人が障害者である」「扶養家族がいる」など、納税者本人や家族の事情や、「社会保険料を支払っている」「医療費が多額にかかった」など、社会政策上の理由によって、税金の計算上、所得から控除することができるものがあります。

　これを**所得控除**といいます。所得控除には、右記の15種類があります。

所得控除

人的控除	物的控除
・基礎控除 ・配偶者控除 ・配偶者特別控除 ・扶養控除 ・障害者控除 ・寡婦控除 ・ひとり親控除 ・勤労学生控除	・社会保険料控除 ・生命保険料控除 ・地震保険料控除 ・小規模企業共済等掛金控除 ・医療費控除 ・雑損控除 ・寄附金控除

◇基礎控除

基礎控除は納税者本人の**合計所得金額**が**2,400万円以下**であれば**48万円**を控除することができますが、合計所得金額が**2,400万円超**の場合には、控除額が減額され、2,500万円を超えると控除額はゼロとなります。

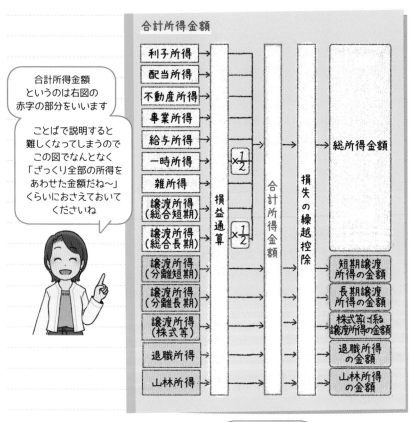

基礎控除		
合計所得金額		控除額
2,400万円以下		48万円
2,400万円超	2,450万円以下	32万円
2,450万円超	2,500万円以下	16万円
2,500万円超		適用なし

◇配偶者控除

　配偶者控除は、対象となる配偶者（納税者本人と生計を一にしており、合計所得金額が**48万円以下**の配偶者）がいる場合に適用することができます。

　ただし、納税者本人の合計所得金額が**1,000万円超**の場合には、適用されません。

配偶者控除

納税者本人の合計所得金額		控除額	
		一般の控除対象配偶者	老人控除対象配偶者
	900万円以下	38万円	48万円
900万円超	950万円以下	26万円	32万円
950万円超	1,000万円以下	13万円	16万円

◇配偶者特別控除

　配偶者特別控除は、配偶者控除の対象とならない場合で、納税者本人と生計を一にし、合計所得金額が**48万円超133万円以下**の配偶者がいる場合に適用することができます。ただし、納税者本人の合計所得金額が**1,000万円超**の場合には、適用されません。

配偶者特別控除

		納税者本人の合計所得金額		
		900万円以下	900万円超 950万円以下	950万円超 1,000万円以下
配偶者の合計所得金額	48万円超　　95万円以下	38万円	26万円	13万円
	95万円超　　100万円以下	36万円	24万円	12万円
	100万円超　105万円以下	31万円	21万円	11万円
	105万円超　110万円以下	26万円	18万円	9万円
	110万円超　115万円以下	21万円	14万円	7万円
	115万円超　120万円以下	16万円	11万円	6万円
	120万円超　125万円以下	11万円	8万円	4万円
	125万円超　130万円以下	6万円	4万円	2万円
	130万円超　133万円以下	3万円	2万円	1万円

◇扶養控除

扶養控除は、納税者本人に扶養親族（納税者本人と生計を一にする、合計所得金額が **48万円以下**の配偶者以外の親族）がいる場合に適用することができます。

控除の対象となる扶養親族は **16歳以上の人**で、控除額は扶養親族の年齢等によって異なります。

扶養控除

区　分		控除額
一般扶養親族（16歳以上19歳未満）		38万円
特定扶養親族（19歳以上23歳未満）		63万円
一般扶養親族（23歳以上70歳未満）		38万円
老人扶養親族（70歳以上）	同居老親等	58万円
	それ以外	48万円

16歳未満の扶養親族には適用されません

◇障害者控除

障害者控除は、納税者本人や同一生計配偶者または扶養親族が障害者である場合に適用することができます。控除額は一般障害者の場合で27万円です。

◇寡婦控除

寡婦控除は、納税者本人
が寡婦である場合に適用す
ることができます。控除額
は27万円です。

> 寡婦 （ひとり親を除く）
> ❶夫と死別後再婚していない、
> 　合計所得金額500万円以下の人
> ❷夫と離婚後、再婚しておらず、扶養親族を
> 　有する合計所得金額500万円以下の人

◇ひとり親控除

ひとり親控除は、納税者本人がひとり親（現在婚姻していない人等で下記
の要件をすべて満たす人）である場合に適用することができます。控除額は
35万円です。

> 下記の要件とは？
> ・合計所得金額が500万円以下であること
> ・総所得金額等が48万円以下の生計を一にする
> 　子がいること

寡婦控除とひとり親控除の関係

		死別		離婚		未婚		
		男性	女性	男性	女性	男性	女性	
扶養親族	子	35万円	35万円	35万円	35万円	35万円	35万円	← ひとり親控除
	子以外	―	27万円	―	27万円	―	―	← 寡婦控除
	なし	―	27万円	―	―	―	―	

◇勤労学生控除

勤労学生控除は、納税者本人が勤労学生（一定の学生で、合計所得金額が
75万円以下の人）である場合に適用することができます。控除額は27万円
です。

◇社会保険料控除

社会保険料控除は、納税者本人または生計を一にする配偶者、その他の親族にかかる社会保険料を納税者が支払った場合に適用することができます。控除額は**支払った社会保険料の全額**です。

対象となる社会保険料
- 国民健康保険
- 健康保険
- 国民年金
- 厚生年金保険 }　などの保険料
- 介護保険
- 国民年金基金
- 厚生年金基金 }　などの掛金

◇生命保険料控除

生命保険料控除は、生命保険料を支払った場合に適用することができます。

2012年1月1日以降に締結した保険契約については、

- **一般の生命保険料**　←生存や死亡に関して保険金・給付金が支払われる保険
- **個人年金保険料**　←一定の要件を満たした個人年金保険
- **介護医療保険料**　←病気やケガ等により保険金・給付金が支払われる保険

の3区分に分けて控除額を計算します。

これはSubject2
リスクマネジメント
で見た生命保険料控除
と同じです

生命保険料控除額

年間払込保険料	控除額
20,000円以下	払込保険料の全額
20,000円超　40,000円以下	（払込保険料 $\times \frac{1}{2}$）＋10,000円
40,000円超　80,000円以下	（払込保険料 $\times \frac{1}{4}$）＋20,000円
80,000円超	一律40,000円

・一般の生命保険控除、個人年金保険料控除、介護医療保険料控除でそれぞれ控除額の上限は40,000円（3つの控除を合計した上限は120,000円）

◇地震保険料控除

地震保険料控除は、地震保険料を支払った場合に適用することができます。控除額は**支払った地震保険料の全額（最高5万円）**です。

146

◇小規模企業共済等掛金控除

　小規模企業共済等掛金控除は、小規模企業共済の掛金や確定拠出年金（iDeCoなど）の掛金を支払った場合に適用することができます。

　控除額は**支払った掛金の全額**です。

> 国民年金基金の掛金は「社会保険料控除」として全額を控除することができます

> また、iDeCoの掛金は「小規模企業共済等掛金控除」として全額を控除することができます

> 一方　保険会社等で加入した個人年金の保険料は「生命保険料控除」となりますが控除額に上限があります

> 年金額の増額のため個人年金の加入を考えるときはこの点にも注目するといいでしょう

◇医療費控除

　医療費控除は、納税者本人または生計を一にする配偶者その他の親族の医療費を支払った場合に適用することができます。

医療費控除の対象となるものとならないもの

医療費控除の対象となるもの	・医師または歯科医師による診療費、治療費 ・治療または療養に必要な薬代 ・治療のためのマッサージ代 ・出産費用 ・通院や入院のための交通費 ・人間ドック、健康診断の費用（重大な疾病が見つかり、治療を行った場合に限る）　など
医療費控除の対象とならないもの	・美容整形の費用 ・入院にさいしての洗面具など身の回り品等の購入代 ・病気予防、健康増進のための医療費や健康食品代 ・通院のための自家用車のガソリン代 ・自己都合の差額ベッド代 ・人間ドック、健康診断の費用（上記以外）　など

> 「治療のためのマッサージ代」は医療費控除の対象となりますが

> 「つかれを取るためのマッサージ代」は医療費控除の対象になりませんよ〜！

147

控除額は次の計算式で求めます。なお、控除額の上限は **200万円**です。

$$控除額 = 支出した医療費 - 保険金等で補てんされる金額 - 10万円$$

総所得金額が200万円未満の
場合は「総所得金額×5％」

医療費控除の適用を受けるには、確定申告が必要です。

以前は医療費の領収書を
確定申告書に添付する
必要がありましたが
いまは領収書の添付は
不要とされています

◆ **セルフメディケーション税制**（医療費控除の特例）

セルフメディケーション税制は、2017年1月1日から2026年12月31日までの間に、ドラッグストアなどで対象となる市販薬（**スイッチOTC医薬品**）を購入し、その購入費が年間 **12,000円**を超えるときは、確定申告をすることによって、その超える部分（**上限88,000円**）を所得から控除することができるという制度です。

$$控除額 = スイッチOTC医薬品の購入額 - 12,000円$$

上限88,000円

この特例と医療費控除はいずれかの**選択適用**となります。

この制度は
自分自身で健康管理をして
ちょっとした体の不調は自分で治す
こと(セルフメディケーション)を
推進するために創設されたものです

セルフメディケーションを
実施する人が増えれば
病院にかかる人も減って
医療費の削減につながる…
という目的があります

◆ **雑損控除**

雑損控除は、災害や盗難等によって、所有する住宅、家財、現金等に損失が生じた場合に適用することができます。なお、雑損控除の適用を受けるには、確定申告が必要です。

◇寄附金控除

寄附金控除は、国や地方公共団体等に対して2,000円を超える特定寄附金を支出した場合等に適用することができます。

◇ふるさと納税

ふるさと納税は、任意の自治体に寄附すると、**控除上限額内の2,000円を超える部分**について所得税と住民税から控除を受けることができる制度です。

> 実質2,000円で返礼品を受けられるという制度です

> ただし
> 実質2,000円で返礼品を受けられる寄附額には上限がある
> （所得や家族構成によって異なる）
> のでご注意ください

また、年間の寄附先が5自治体までなら、確定申告をしなくても、寄附金控除を受けられる**ワンストップ特例制度**があります。

ワンストップ特例制度

	ワンストップ特例制度だと…	確定申告だと…
寄附先の数	年間で5自治体まで	制限なし
申請方法	寄附のつど、各自治体に申請書を提出	確定申告において、税務署に寄附金受領証明書を確定申告書とともに提出
税金の控除	住民税から全額控除	所得税からの控除と住民税からの控除

> 確定申告がメンドクサイと思う人はこちらの制度を利用するとよいでしょう

> どちらも控除額の合計は同じです

Topic 6　税率は所得が増えるほど、高くなる！

税額の計算

自分の税率区分をチェック

所得税の計算の流れ

Step1　所得を 10 種類に分け、それぞれの所得金額を計算する

Step2　各所得金額を合算して、課税標準を計算する

Step3　課税標準から所得控除を差し引いて、課税所得金額を計算する

Step4　課税所得金額に税率を掛けて所得税額を計算する　←いまココ

Step5　所得税額から税額控除を差し引いて申告納税額を計算する

自分の税率は
どの区分かな？

　課税標準から所得控除を差し引いて**課税所得金額**を計算し、この課税所得金額に税率を掛けて、所得税額を計算します。

　なお、総合課税される所得と分離課税される所得は分けて税額を計算します。

◇総合課税される所得に対する税額

　総合課税される所得については、**超過累進税率**によって税額を計算します。

所得税額は次の表にもとづいて
「課税所得金額×税率－控除額」
で計算します
試験では計算式が与えられるので
税率などをおぼえる必要はありません

超過累進税率
所得が多くなればなるほど高い税率が適用される課税方法

課税所得金額		税率	控除額
	195万円以下	5%	―
195万円超	330万円以下	10%	97,500円
330万円超	695万円以下	20%	427,500円
695万円超	900万円以下	23%	636,000円
900万円超	1,800万円以下	33%	1,536,000円
1,800万円超	4,000万円以下	40%	2,796,000円
4,000万円超		45%	4,796,000円

◇分離課税される所得に対する税額

分離課税される所得については、以下の税率によって税額を計算します。

分離課税される所得に対する主な税率（所得税）

退職所得			課税退職所得金額×超過累進税率
譲渡所得	土地、建物等	短期	課税短期譲渡所得金額×30%※1
		長期	課税長期譲渡所得金額×15%※2
	株式等		株式等に係る課税譲渡所得金額×15%※2

※1　ほかに復興特別所得税0.63%と住民税9%がかかる
※2　ほかに復興特別所得税0.315%と住民税5%がかかる

◇復興特別所得税

東日本大震災の復興財源を確保するため、所得税額（基準所得税額）に**2.1%の復興特別所得税**が課されます。

たとえば株式等の譲渡所得の場合は
所　　得　　税：15%
復興特別所得税：15%×2.1%＝0.315%
　　　　　　　　となります

Topic 7 住宅ローンがある場合には控除できる!

税額控除と
納付税額

住宅を買う前に　　住宅ローンがある人

所得税の計算の流れ

- Step1 　所得を 10 種類に分け、それぞれの所得金額を計算する
- Step2 　各所得金額を合算して、課税標準を計算する
- Step3 　課税標準から所得控除を差し引いて、課税所得金額を計算する
- Step4 　課税所得金額に税率を掛けて所得税額を計算する
- Step5 　所得税額から税額控除を差し引いて申告納税額を計算する　　いまココ

計算した所得税から
さらに控除できるものがある!

　住宅ローンがある場合には、Topic6 で計算した所得税額から、さらに一定の金額を差し引くことができます。これを**税額控除**といいます。

　税額控除には、**住宅ローン控除**のほか、**配当控除**などがありますが、ここでは住宅ローン控除のみ説明します。

◇住宅ローン控除

　2024 年中に住宅ローンを利用して住宅を取得したり、増改築をした場合は、住宅ローンの年末残高（限度あり）の**0.7%**を新築住宅の場合は原則として**13 年間**、中古住宅の場合は 10 年間、所得税額から控除することができます。

　控除対象となる住宅ローンの年末残高限度額は、住宅の種類によって異なります。

なお、子育て世帯が認定住宅等の新築等をして居住した場合には、控除限度額が上乗せとなります。

子育て世帯（子育て特例対象個人）
・夫婦のいずれかが40歳未満の人
・19歳未満の扶養親族を有する人

住宅ローン控除の控除率と控除期間（新築住宅の場合）

居住年	控除率	控除期間	住宅ローンの年末残高限度額 （ ）内は子育て特例対象個人の場合
2024年	0.7%	13年	認定住宅……………………4,500万円（5,000万円） ZEH水準省エネ住宅…3,500万円（4,500万円） 省エネ基準適合住宅…3,000万円（4,000万円） その他の住宅………………0円※

※　2023年までに建築確認を受けた住宅は2,000万円で控除期間は10年

省エネ基準適合住宅は一定の省エネ性能を満たす住宅をいいます

ZEH水準省エネ住宅はエネルギー収支をゼロとする住宅をいいます

　また、所得税から控除しきれない場合には、住民税からも一部控除できます。

　住宅ローン控除の適用を受けるための主な要件は、次ページのとおりです。

住宅ローン控除の適用要件とポイント

適用要件 （主なもの）	・返済期間が10年以上の住宅ローンであること ・住宅を取得した日から6カ月以内に居住し、適用を受ける年の年末まで引き続き居住していること ・住宅の床面積が50㎡以上で、床面積の2分の1以上の部分が自分で居住するためのものであること ・控除を受ける年の合計所得金額が 　[床面積が40㎡以上50㎡未満の場合は1,000万円以下 　　床面積が50㎡以上の場合は2,000万円以下] 　であること
その他の ポイント	・住宅ローン控除の適用を受ける場合は、確定申告が必要 ・給与所得者の場合、適用初年度は確定申告が必要であるが、2年目以降は確定申告が不要 →2年目以降は年末調整で控除できる

ただし、合計所得金額が
1,000万円以下の場合には
40㎡以上でOKです

なお
住宅を買ってから転勤となった場合
その住宅に生計を一にする親族が
住み続けるならば
引き続き住宅ローン控除の適用
を受けることができますが

その住宅に生計を一にする親族が
住まない場合には
住んでいない期間については
住宅ローン控除の適用を
受けることはできません

…というわけで
最終的に納付する所得税額は?

　所得税額から住宅ローン控除などの税額控除の金額を差し引いて、最終的な納付税額を計算します。

なお、2024年分の所得税（および2024年度分の個人住民税）においては、一時的な減税（定額減税）があります。

　減税額は所得税につき**1人3万円**で、合計所得金額が1,805万円以下の居住者に適用されます。

ちなみに、住民税の減税額は
1人1万円です

Topic 8 会社から源泉徴収票を もらったけど、どうやって見るの?

源泉徴収票
の見方

自分の源泉徴収票を用意して これまでの内容を確認してみよう!

　会社員等の場合、一般的に、給料の支払いのさいに一定額の所得税が源泉徴収され、年末調整で正しい所得税額と源泉徴収された税額との差額が精算されます。

11月頃になると
加入している保険会社から
「生命保険料控除証明書」が
自宅に送られてきます

これは年末調整に
必要なので
しっかり保管しておいて
くださいね

　年末調整をする場合、会社員等は会社に

兼用様式

・**扶養控除等（異動）申告書**　←扶養控除の計算で必要

・**保険料控除申告書**　←生命保険料控除、社会保険料控除等の計算で必要

・**基礎控除申告書**　←基礎控除の計算で必要

・**配偶者控除等申告書**　←配偶者控除、配偶者特別控除の計算で必要

・**所得金額調整控除申告書**　←所得金額調整控除（給与収入が850万円超で一定の要件を満たす人）の計算で必要

を提出する必要があります。

　年末調整の結果は**源泉徴収票**に記載されます。具体的な源泉徴収票の見方は次ページのとおりです（定額減税額は考慮外としています）。

××年分　給与所得の源泉徴収票

支払を受ける者	住所又は居所	東京都練馬区×××			
	（受給者番号）				
	（役職名）				
	氏名	（フリガナ）ヤマダイチロウ　　山田　一郎			

種別	支払金額	給与所得控除後の金額（調整控除後）	所得控除の額の合計額	源泉徴収税額
給与・賞与	❶ 内 6　000　000 円	❷ 千 4　360　000 円	❸ 千 2　447　960 円	❹ 内 97　600 円

（源泉）控除対象配偶者の有無等		配偶者（特別）控除の額	控除対象扶養親族の数（配偶者を除く。）							16歳未満扶養親族の数	障害者の数（本人を除く。）		非居住者である親族の数
有	従有		特定		老人			その他			特別	その他	
	老人			従人	内	人	従人	人	従人	人	内 人	人	人
❸ ○		❸ 千 380　000 円	❸ 1 人										

社会保険料等の金額	生命保険料の控除額	地震保険料の控除額	住宅借入金等特別控除の額
❹ 内 837　960 円	❺ 千 100　000 円	❻ 千 20　000 円	千　　　　　円

（摘要）

生命保険料の金額の内訳	新生命保険料の金額	円	旧生命保険料の金額	110,000 円	介護医療保険料の金額	円	新個人年金保険料の金額	円	旧個人年金保険料の金額	130,000 円
住宅借入金等特別控除の額の内訳	住宅借入金等特別控除適用数		居住開始年月日（1回目）	年　月　日	住宅借入金等特別控除区分（1回目）		住宅借入金等年末残高（1回目）	円		
	住宅借入金等特別控除可能額	円	居住開始年月日（2回目）	年　月　日	住宅借入金等特別控除区分（2回目）		住宅借入金等年末残高（2回目）	円		

（源泉・特別）控除対象配偶者	（フリガナ）	ヤマダジュンコ	区分		配偶者の合計所得	0	国民年金保険料等の金額	円	旧長期損害保険料の金額	円
	氏名	山田　純子	区分			円	基礎控除の額	❷ 円	所得金額調整控除額	円

金額の記入がないときは「48万円」

控除対象扶養親族	1	（フリガナ）　ヤマダアツシ	区分		16歳未満の扶養親族	1	（フリガナ）	区分	
		氏名　山田　敦	区分				氏名	区分	
	2	（フリガナ）	区分			2	（フリガナ）	区分	
		氏名	区分				氏名	区分	
	3	（フリガナ）	区分			3	（フリガナ）	区分	
		氏名	区分				氏名	区分	
	4	（フリガナ）	区分			4	（フリガナ）	区分	
		氏名	区分				氏名	区分	

未成年者	外国人	死亡退職	災害者	乙欄	本人が障害者		寡婦	ひとり親	勤労学生	中途就・退職					受給者生年月日			
					特別	その他				就職	退職	年	月	日	元号	年	月	日
															昭和	XX	12	25

支払者	住所（居所）又は所在地	東京都千代田区×××	
	氏名又は名称	○○商事株式会社	（電話）03 − ××××−××××

源泉徴収票の見方

❶支払金額	1年間の給与・賞与の合計額：600万円
❷給与所得控除後の金額	給与所得控除額：600万円×20％＋44万円＝164万円 給与所得：600万円－164万円＝436万円

❸所得控除の額の合計額		
	Ⓐ 基礎控除	（金額の記入がないときは）48万円
	Ⓑ 配偶者(特別)控除	38万円
	Ⓒ 扶養控除	63万円（特定扶養親族1人）
	Ⓓ 社会保険料控除	83万7,960円
	Ⓔ 生命保険料控除	10万円
	Ⓕ 地震保険料控除	2万円
	合　　計	244万7,960円

課税所得金額	❷436万円－❸244万7,960円＝191万2,040円 　　　　　　　　　　　　　　　→191万2,000円 　　　　　　　　　　　　　　　　千円未満切捨て
❹源泉徴収税額（所得税額）	基準所得税額：191万2,000円×5％＝95,600円 復興特別所得税額：95,600円×2.1％＝2,007.6円 　　　　　　　　　　　　　　　　　　→2,007円 　　　　　　　　　　　　　　　　　　円未満切捨て 合計：95,600円＋2,007円＝97,607円→97,600円 　　　　　　　　　　　　　　　　　　百円未満切捨て

2024年分は定額減税がありますが、ここでは考慮外としています

給与所得控除額

給与の収入金額		給与所得控除額
	162.5万円以下	55万円
162.5万円超	180　万円以下	収入金額×40％－　10万円
180　万円超	360　万円以下	収入金額×30％＋　　8万円
360　万円超	660　万円以下	収入金額×20％＋　44万円
660　万円超	850　万円以下	収入金額×10％＋110万円
850　万円超		195万円（上限）

所得税の速算表

課税所得金額		税率	控除額
	195万円以下	5%	—
195万円超	330万円以下	10%	97,500円
330万円超	695万円以下	20%	427,500円
695万円超	900万円以下	23%	636,000円
900万円超	1,800万円以下	33%	1,536,000円
1,800万円超	4,000万円以下	40%	2,796,000円
4,000万円超		45%	4,796,000円

やってみよう！

自分の源泉徴収票を見ながら

「お金ノート」使用
→レッスン 9

① 給与所得の額（給与所得控除後）
② 基礎控除の額
③ 扶養控除の額
④ 所得控除の額
⑤ 課税所得金額
⑥ 所得税額

が、どのように計算されているのか
「お金ノート」に書き込んで確認しておきましょう

自分のケースで
金額を確認するのが
一番頭に残ります

Topic 9

個人事業主には、税金面で
有利になる方法があるとか…

**青色申告
制度**

個人で事業をはじめる前に

最大65万円も控除できる!
ちょっと手間がかかるがお得な制度

　青色申告制度とは、複式簿記（ふくしきぼき）にもとづいて取引を記録し、その記録をもとに所得税を計算して申告する制度をいいます。

> 青色申告ではない
> 一般の申告は
> 「白色申告」といいます

複式簿記
取引を要素別に左側と右側に分けて記入する方法。一般的にいう「簿記」のこと

　青色申告制度は、

・**不動産所得**　←不動産の貸付けによる所得（土地の賃貸料、アパートの家賃収入など）

・**事業所得**　←製造業、サービス業、小売業、農業などの事業を営んでいる場合の所得

・**山林所得**　←所有期間が5年超の山林を伐採して売却等したときの所得

がある人が利用でき、一定の要件を満たすと税金面で優遇を受けることができます。

青色申告の要件

青色申告を 受けられる人	・不動産所得、事業所得、山林所得がある人
手続き等	・青色申告をしようとする年の3月15日まで(1月16日以降に開業する人は開業日から2カ月以内)に「青色申告承認申請書」を税務署に提出していること ・一定の帳簿書類を備えて、取引を適正に記録し、保存していること→保存期間は7年間

「ふじ山」
でおぼえよう

4

タックスプランニング

青色申告の主な特典

青色申告 特別控除	事業的規模の 不動産所得 または 事業所得 がある人	・正規の簿記の原則により記帳し、これにもとづいて作成された貸借対照表と損益計算書を添付すると所得金額から55万円を控除することができる ・上記の要件に加え、e-Taxによる申告(電子申告)または電子帳簿保存を行うと65万円を控除することができる
	上記以外	・上記以外の所得や期限後申告の場合は10万円控除となる
青色事業 専従者給与	・青色申告者が青色事業専従者に支払った給与のうち、適正額を必要経費に算入できる	
純損失の 繰越控除	・純損失が生じた場合、純損失の金額を翌年以降3年間にわたって、各年の所得から控除することができる	

事業的規模
貸家なら5棟以上、アパート
等なら10室以上

青色事業専従者
青色申告者と生計を一にする親族で事
業に専従している人(家族従業員)

Topic 10 所得税のほかにも給与から天引きされている税金がある!

個人住民税

住民税は自分で税額を計算する必要はない

　住民税は、都道府県や市区町村が課す税金で、**道府県民税**（東京都は**都民税**）と**市町村民税**（東京都特別区は**特別区民税**）があります。

　なお、住民税は個人のほか、会社等も納付しなければならず、個人にかかる住民税を**個人住民税**、会社等にかかる住民税を**法人住民税**といいます。

ここでは
「個人住民税」
のみ説明します

◇ 個人住民税

　個人住民税は、その年の**1月1日現在**、住所がある都道府県または市区町村で課税され、課税方法は**賦課課税方式**です。また、税額は**前年の所得**をもとに計算されます。

> **賦課課税方式**
> 課税する側が税額を計算
> して通知する方式

◇ 個人住民税の構成

　個人住民税は、**均等割**と**所得割**で構成されています。

> **均等割**
> 所得の大小にかかわらず一定額
> が課税される部分

> **所得割**
> 所得に応じて課税される部分
> →前年の所得金額 × 10%

◆**個人住民税の納付方法**

個人住民税の納付方法には、**普通徴収**と**特別徴収**があります。

個人住民税の納付方法

普通徴収	・年税額を4回（6月、8月、10月、翌年1月）に分けて納付する方法 　→事業所得者等は、通常この方法で納付
特別徴収	・年税額を12回※（6月から翌年5月まで）に分けて、給料から天引きの形で納付する方法　　　　　　　　　　　　　　　　　※2024年は11回 　　　　　　　　　　　　　　　　　　　　　　　　　　　　　　　（定額減税の影響） 　→給与所得者は、通常この方法で納付

会社員で2カ所から
給与をもらっている人などは
確定申告が必要です
このとき確定申告書の第二表
「住民税・事業税に関する事項」
になにもチェックをしないと
原則として「特別徴収」となり
メインの会社の給与から
一括して住民税が天引きされます

したがって
2カ所目の給与の存在を
メインの会社に知られたくない場合
などは「自分で納付（普通徴収）」に
〇印をつけて確定申告書を提出する
ようにしましょう

〇住民税・事業税に関する事項

住民税	非上場株式の少額配当等を含む配当所得の金額	非居住者	配当割額控除額	給与、公的年金等以外の所得に係る住民税の徴収方法	
				特別徴収	自分で納付
	円	円	円	◯	◯

ただし
副業を禁止している
会社もあるので

副業をするときは
就業規則などで
確認してくださいね

不動産

土地や建物など不動産は価格が高いため
いろいろな法律による規制があります
ここでは、不動産に関する法律や税金について
見ておきましょう

Topic 1 不動産について 最初に知っておきたいこと

土地や建物などを 「不動産」という!

不動産とは、土地や土地にくっついている物（定着物）…たとえば建物や石垣などのことをいいます。それ以外の物は**動産**といいます。

不動産は動産に比べて価格が高いので、不動産の取引は、民法のほかさまざまな法律にのっとって慎重に行う必要があります。

土地の価格って どうやって決まっているの?

土地の価格には、売主と買主の合意で決まる**実勢価格（時価）**のほか、

- **公示価格** ←一般の土地取引の指標となる価格
- **基準地標準価格** ←一般の土地取引価格の指標となる価格。公示価格の補足
- **固定資産税評価額** ←固定資産税等の計算の基礎となる価格
- **相続税評価額** ←相続税、贈与税の計算の基礎となる価格

があります。

土地の価格

	公示価格	基準地 標準価格	固定資産税 評価額	相続税評価額 （路線価）
基準日	毎年1月1日	毎年7月1日	1月1日 （3年に一度 評価替え）	毎年1月1日
公表日	3月下旬	9月下旬	3月または4月	7月1日
決定機関	国土交通省	都道府県	市区町村	国税庁
公示価格を 100%と した場合の 評価割合	100%	100%	70%	80%

ちなみに実勢価格は
公示価格の
1.1 〜 1.2 倍くらいです

Topic 2 不動産を買ったら「自分のものだ!」と主張したいよね!

不動産登記

「この土地は私のものだ!」と主張するためには「登記」が必要

不動産を取得すると、不動産の所在地や所有者は誰かといった権利に関する事項などが**不動産登記記録（登記簿）**に記載され、公示されます。

この不動産登記記録は、手続きをすれば誰でも登記事項証明書等の交付を請求することができ、その内容を閲覧することができます。

◇不動産登記簿の構成

不動産登記簿は、

- **表題部** ←表示に関する登記。不動産の所在地など
- **権利部** ←権利に関する登記。所有権など

から構成されており、さらに権利部は**甲区**と**乙区**に区分されています。

不動産登記簿の構成

表題部 （表示に関する登記）		不動産の所在地、面積、構造などが記載される
権利部 （権利に関する登記）	甲区	所有権に関する事項が記載される →所有権の保存、所有権の移転、差押え　など
	乙区	所有権以外の権利に関する事項が記載される →抵当権、賃借権　など

◇登記の期限

　建物を新築したときには、建物の完成後 **1カ月以内** に表題登記（表示に関する登記）をしなければなりませんが、権利に関する登記については、登記義務はありません（相続登記を除く）。

◇登記の申請

　登記は、不動産の所在地を管轄する登記所（法務局・地方法務局、これらの支局・出張所）に対して、一定の事項を記載した書面（申請書）を提出して行う方法（**書面申請**）か、申請情報をオンラインシステムを利用して送信する方法（**オンライン申請**）によって申請します。

> 登記の申請は必ずしも本人がしなければならないものではなく代理人にしてもらうこともできます
>
> 表題部の登記は土地家屋調査士に権利部の登記は司法書士に代理人として申請してもらうことが多いです

◇不動産登記の効力

　権利に関する登記は義務ではないのですが、登記をしておくと、第三者に対して「自分がその不動産の権利者である」ということを対抗することができます。これを**不動産登記の対抗力**といいます。

> 対抗
> 主張すること

　なお、日本では登記の**公信力を認めていない**ため、登記にウソがあったにもかかわらず、その登記の内容を信じて取引をし、損害を受けたとしても、必ずしも法的に保護されるわけではありません。

> 登記の公信力
> 登記の内容を信頼して不動産の取引をした人は、登記にウソがあったような場合でも、一定の要件のもとで法的に保護されること

◇仮登記

　登記を申請するための要件がととのわなかった場合、仮登記をすることによって、登記の順位を確保しておくことができます。ただし、**仮登記には対抗力がない**ので、第三者に仮登記の内容を対抗することはできません。

Topic 3 不動産の売買契約で 知っておきたいこと

不動産の取引

土地建物を買う前に

▌宅地建物取引業法（宅建業法）は 土地・建物の取引ルールを定めた法律

　不動産の取引をするさいに知っておきたい法律に、**宅地建物取引業法（宅建業法）** があります。

宅建業法上の「宅地」
❶ 現在、建物が建っている土地
❷ これから建物を建てる目的で取引される土地
❸ 用途地域内の土地（道路や公園などは除く）
　→人がたくさん住んでいる土地

◆宅地建物取引業とは
　宅地建物取引業とは、

・宅地・建物の
{ 売買、交換　←自ら行うとき
　売買、交換、貸借の「媒介」　←仲介してあげるとき
　売買、交換、貸借の「代理」　←代理でやってあげるとき

を「業」として行うことをいい、宅地建物取引業を行うためには、都道府県知事または国土交通大臣から免許を受けなければなりません。

「業」として行う
不特定多数の人に
対して、反復継続
して取引を行うこと

自分が持っているアパートを
人に貸す行為（自ら貸借）
は宅建業に該当しないので

大家さんが自分で
貸すというときには
免許は不要です

◆宅地建物取引士とは
　宅地建物取引士とは、国家試験に合格し、実務経験等の要件を満たして宅地建物取引士証の交付を受けた人をいいます。

宅地建物取引業を行う事務所には、**従業員5人に対して1人以上の専任の宅地建物取引士**を置くことが義務付けられています。

◇媒介契約

　不動産業者に土地や建物の売買や賃貸借の仲介を依頼する場合は、媒介契約を結びます。

　宅地建物取引業者は、媒介契約を結んだときは、遅滞なく、媒介契約書を作成して記名押印し、依頼者に交付しなければなりません。

　媒介契約の形態には、**一般媒介契約、専任媒介契約、専属専任媒介契約**の3つがあり、それぞれ規制が微妙に異なります。

媒介契約の形態と規制

		一般媒介契約	専任媒介契約	専属専任媒介契約
契約の有効期間		規制なし	3カ月以内	3カ月以内
依頼者側	同時に複数の業者に依頼できるか	○	×	×
	自分で取引の相手方を見つけてもよいか	○	○	×
業者側	依頼者への報告	規制なし	2週間に1回以上	1週間に1回以上

◇重要事項の説明

　宅地建物取引業者は、**契約が成立するまで（契約前）**に、お客さん（宅地建物取引業者を除く）に対して、取引や不動産についての一定の**重要事項**を**書面を用いて**説明しなければなりません（相手方の承諾を得れば、電磁的方法による提供も認められます）。

　この説明は**宅地建物取引士**が**宅地建物取引士証**を提示したうえで行わなければなりません。

不動産の売買契約に関する
ポイントを軽くおさえておこう!

不動産の売買契約に関する基本ポイントを、いくつか見ておきましょう。

◇手付

手付は、契約を結ぶさいに買主が売主に渡す金銭のことをいい、通常は**解約手付**とされます。

解約手付が交付された場合、**相手方が履行に着手する前であれば**

・買主側から契約を解除するときは、買主は手付の放棄

・売主側から契約を解除するときは、買主に手付の2倍を現実に提供

することによって、契約を解除することができます。

> 履行に着手とは?
> 買主→代金(の全部または一部)を支払う
> 売主→家の鍵を引き渡す など

◇危険負担

売買契約の締結後、建物の引渡し前に、その建物が地震や第三者による火災など、売主・買主のどちらの責任でもない事由によって滅失してしまった場合、建物がなくなってしまったわけなので、売主の建物引渡し義務はなくなります。

一方、買主の代金支払義務は残るのですが、買主は代金の支払いを拒むことができます(履行拒絶権)。これを**危険負担**といいます。

◇売主の担保責任（契約不適合責任）

　売買契約の締結後、売主が、種類・品質・数量について、契約の内容に適合しない不動産を買主に引き渡した場合や、買主に移転した権利が契約の内容に適合しない場合（で一定の要件を満たすとき）は、買主は売主に対して

・履行の追完請求　　←「補修して」とか「ほかのものに代えて」ということ
・代金減額請求　　　←「代金を減らして」ということ
・損害賠償請求
・契約の解除

をすることができます。これらの売主が負う責任を**担保責任**といいます。

　売主が~~種類または品質~~について、契約の内容に適合しない不動産を買主に引き渡した場合、**買主は不適合を知った時から1年以内**に、その旨を売主に通知しないと、原則として、この不適合を理由に売主の責任を追及できなくなります。

「数量」は除外

　なお、「住宅の品質確保の促進等に関する法律」では、新築住宅の構造耐力上主要な部分（柱など）については、売主に対して、建物の引渡し時から**最低10年間**の瑕疵担保責任を義務付けています。

> 瑕疵
> キズや不具合など契約の
> 内容に適合しない状態

◇壁芯面積と内法面積

建物の面積の測り方には、

- **壁芯面積** ←壁の中心線の内側の面積。こちらのほうが面積が大きく表示される
- **内法面積** ←壁の内側の面積

があります。

壁芯面積と内法面積

壁芯面積	内法面積
壁の中心線の内側の面積	壁の内側の面積
・広告やパンフレットに記載されている面積は壁芯面積 ・登記簿上、一戸建ては壁芯面積が用いられる	・登記簿上、マンション等の区分所有建物は内法面積が用いられる

Topic 4 土地や建物を貸したり借りたりするときに適用される法律

借地借家法

ざっと読もう

借地借家法は 立場が弱くなる借手に配慮した法律

　土地や建物の貸し借りに関するルールを定めた法律が**借地借家法**です。

　借地借家法では、立場が弱くなる借手に配慮して、民法の規定と異なるルールを設けています。

◇借地権

　借地権とは、他人から土地を借りて建物を建てる場合の、その土地を借りる権利をいいます。借地権には、

・**普通借地権**　←契約終了後、土地の借主の希望によって契約が更新されるタイプの借地権。土地の貸主（地主）は正当な事由がなければ更新を拒めない

・**定期借地権**　←契約終了後、契約の更新がなく、土地が地主に返されるタイプの借地権

があります。また、定期借地権には、

・**一般定期借地権**　←ふつうの定期借地権

・**事業用定期借地権**　←事業用の建物を建てるために土地を借りる場合の定期借地権

・**建物譲渡特約付借地権**　←契約期間終了後、建物付で土地を返すという約束の定期借地権

の3種類があります。

5

不動産

普通借地権と定期借地権

	普通借地権	定期借地権		
		一般 定期借地権	事業用 定期借地権	建物譲渡 特約付借地権
契約の 存続期間	30年以上	50年以上	10年以上 50年未満	30年以上
契約の 更新	最初の更新は 20年以上 2回目以降は 10年以上	なし	なし	なし
利用目的 （建物の種類）	制限なし	制限なし	事業用建物のみ	制限なし
契約方法	制限なし	書面※による	公正証書に限る	制限なし
契約期間 終了時	原則として 更地で返す	原則として 更地で返す	原則として 更地で返す	建物付で返す

※ 電磁的記録でも可

◇借家権

借家権とは、他人から建物を借りる権利をいいます。

借家権には、

・**普通借家権** ←契約終了後、建物の借主の希望によって契約が更新されるタイプの借家
権。建物の貸主（大家さん）は正当な事由がなければ更新を拒めない
・**定期借家権** ←契約終了後、契約の更新がなく終了するタイプの借家権

があります。

　なお、定期借家権の場合には、貸主は借主に対して事前に**定期借家権で
ある旨**を記載した**書面を交付**して（または書面に記載すべき事項を**電磁的方法
により提供**して）行わなければなりません。

普通借家権と定期借家権

	普通借家権	定期借家権
契約の存続期間	1年以上 （1年未満の場合は期間の定めがない契約とみなされる）	契約で定めた期間
契約の更新・終了	・期間終了によって契約も終了 ・ただし、貸主が正当な事由をもって更新を拒絶しない限り、契約は存続	・契約の更新はされずに終了 ・契約期間が1年以上の場合、貸主は期間終了の1年から6カ月前までの間に借主に対して契約が終了する旨の通知をしなければならない
契約方法	制限なし	書面※による

※ 電磁的記録でも可

5

不動産

定期借家
契約期間
2年

いい物件
なんだけど
2年後に また
引越しかぁ…

うーん…

177

Topic 5 分譲マンションを買った！どんな法律が適用される？

区分所有法

分譲マンションを買う前に

区分所有法は
マンションで生活するさいのルールを定めた法律

　分譲マンションなど、集合住宅で生活するさいの最低限のルールを定めた法律が**区分所有法**（建物の区分所有等に関する法律）です。

> 分譲マンション
> 1棟を1戸ずつ分割して譲渡（販売）されたマンション

マンションには、

・**専有部分** ←購入者が専用で使える部分。各部屋のこと
・**共用部分** ←ほかの購入者と共同で使う部分。エレベーター、エントランスなど

があり、このうち専有部分の所有権を**区分所有権**といいます。
　また、専有部分の土地を利用する権利を**敷地利用権**といい、区分所有権と敷地利用権は、原則として分離して処分することはできません。

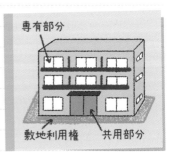

専有部分

敷地利用権　　共用部分

◇規約と集会

　マンションに関するルールのことを**規約**<ruby>規約<rt>きやく</rt></ruby>といいます。規約は、区分所有者だけでなく、賃借人等も守らなければなりません。

　規約の変更やマンションに関する事項の決定は、**集会**によって決議します。

　集会は**年1回以上**、招集されなければなりません。

　集会の決議における必要な賛成数は次のとおりです。

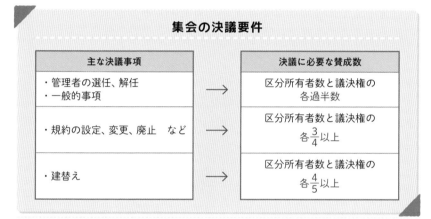

集会の決議要件

主な決議事項		決議に必要な賛成数
・管理者の選任、解任 ・一般的事項	→	区分所有者数と議決権の各過半数
・規約の設定、変更、廃止　など	→	区分所有者数と議決権の各 $\frac{3}{4}$ 以上
・建替え	→	区分所有者数と議決権の各 $\frac{4}{5}$ 以上

区分所有者数と議決権
区分所有者数…マンションの所有者の人数（頭数）
議決権…専有部分の床面積の割合

5

不動産

Topic 6 住みやすい街をつくるために コントロールが必要!

計画的な街づくりのために… 都市計画法

都市計画法は、計画的な街づくりのための法律です。

◇都市計画区域

市街地を中心にまとまりのある都市として、計画的に街づくりを行う必要がある地域を**都市計画区域**といいます。

都市計画区域は、

・**市街化区域**　←にぎやかな区域

・**市街化調整区域**　←のどか〜な区域

・**非線引区域**　←それ以外の区域

に分けられます。

都市計画区域

都市計画区域	市街化区域	・すでに市街地となっている区域 ・これからおおむね10年以内に優先的、計画的な市街化を予定している区域
	市街化調整区域	・市街化を抑制すべき区域
	非線引区域	・市街化区域でも、市街化調整区域でもない区域

なお、市街化区域には**用途地域**が定められていますが、市街化調整区域には原則として用途地域は定めません。

> 用途地域
> 建物の用途や種類について制限を定める地域。住居系、商業系、工業系がある

◇開発許可制度

　都市計画区域内で、一定の**開発行為**を行う場合には、原則として**都道府県知事の許可**が必要です。

> 開発行為
> 建築物の建築や特定工作物（ゴルフコース、野球場など）の建設のために土地の区画形質を変更すること

　開発許可が必要な開発行為の規模は次のとおりです。

許可が必要な規模

都市計画区域		
	市街化区域	1,000㎡以上の開発行為は許可が必要
	市街化調整区域	規模にかかわらず、許可が必要
	非線引区域	3,000㎡以上の開発行為は許可が必要

Topic 7 この土地にどのくらいの大きさの家を建てることができるのかな?

建築基準法

安全・安心な建物を建てるために…建築基準法

建物を建てるときの基本的なルールを定めた法律が**建築基準法**です。

◇用途制限

都市計画法では、用途地域を住居系、商業系、工業系に区分し、全部で13種類に分けています。

建築基準法では、これらの用途地域にはどんな建物を建築できて、どんな建物は建築できないかを具体的に定めています。これを**用途制限**といいます。

主な用途制限 ●…建築できる ×…原則として 建築できない	住居系								商業系		工業系		
	第一種低層住居専用地域	第二種低層住居専用地域	田園住居地域	第一種中高層住居専用地域	第二種中高層住居専用地域	第一種住居地域	第二種住居地域	準住居地域	近隣商業地域	商業地域	準工業地域	工業地域	工業専用地域
診療所、公衆浴場、保育所、神社、教会、派出所	●	●	●	●	●	●	●	●	●	●	●	●	●
住宅、図書館、老人ホーム	●	●	●	●	●	●	●	●	●	●	●	●	×
幼稚園、小・中学校、高校	●	●	●	●	●	●	●	●	●	●	●	×	×
大学、病院	×	×	×	●	●	●	●	●	●	●	●	×	×

なお、1つの敷地が2つの用途地域にまたがる場合には、**面積の大きいほうの用途地域の制限を受けます。**

◇道路に関する制限

建築基準法では、道路を

・幅員が 4m 以上の道路

・幅員が 4m 未満で、建築基準法が施行されたとき、すでに存在し、特定行政庁
の指定を受けている道　←「2 項道路」という

と定義しています。

幅員
道路の幅のこと

◇接道義務とセットバック

建築物の敷地は、原則として幅員が 4m
以上の道路に 2m 以上接していなければな
りません。これを接道義務といいます。

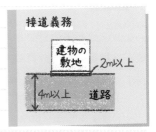

なお、幅員が 4m 未満である 2 項道路の
場合は、原則として道路の中心線から 2m
後退（セットバック）した線が、その道路と
の境界線とみなされます。

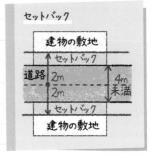

土地いっぱいに建物を建てられる…わけではない
〜建蔽率と容積率〜

購入した土地に目いっぱいの建物を建ててしまうと、火災のときなどに
延焼を促したり、消防車が通行できず、消火活動に支障が生じてしまいま
す。そのため、建蔽率や容積率によって、どれくらいのサイズ（まで）の
建物を建てることができるかが決められています。

5

不動産

◇建蔽率

建蔽率とは、敷地面積に対する建物の建築面積をいいます。

$$建蔽率 = \frac{建築面積}{敷地面積}$$

【例】敷地面積が300㎡で建物の建築面積が180㎡の場合の建蔽率は?

$$\frac{180㎡}{300㎡} = 0.6 → 60\%$$

建蔽率や容積率の上限は地域によって異なります

用途地域別に定められている建蔽率や容積率を指定建蔽率、指定容積率といいます

【例】敷地面積が300㎡で指定建蔽率が60%の場合の最大建築面積は?

300㎡×60%＝180㎡

なお、建蔽率の異なる地域にまたがって建物の敷地がある場合には、建蔽率は**加重平均**で計算します（計算の仕方は下記）。

【例】地域A(敷地面積200㎡、建蔽率60%)と地域B(敷地面積300㎡、建蔽率50%)にまたがって建物を建てる場合の最大建築面積は?

建蔽率の計算：$60\% × \frac{200㎡}{500㎡} + 50\% × \frac{300㎡}{500㎡} = 54\%$

最大建築面積：500㎡×54%＝270㎡

200 ㎡ × 60% + 300 ㎡ × 50%
= 270 ㎡
と計算してもよい

◇建蔽率の緩和

次に該当する場合には、指定建蔽率に**10%加算**することができます。なお、**両方に該当する場合には20%加算**することができます。

指定建蔽率が60%の地域だった場合でこれらに該当すれば70%とか80%になる！

建蔽率の緩和

防火地域・準防火地域内の緩和	❶❷のいずれかを満たせばプラス10% ❶建蔽率の最高限度が80%とされている地域外で、かつ、防火地域内にある耐火建築物等 ❷準防火地域内にある建築物で、耐火建築物等または準耐火建築物等
角地等の緩和	特定行政庁が指定する角地であればプラス10%

◆建蔽率の制限がないもの

次に該当する場合には、建蔽率の制限がないので、建蔽率**100%**で建物を建てることができます。

建蔽率の制限がないもの

建蔽率の制限がないもの	・建蔽率が80%とされている地域内で、防火地域内にある耐火建築物等 ・派出所、公衆便所など

◇容積率

容積率とは、敷地面積に対する延べ面積をいいます。

$$容積率 = \frac{延べ面積}{敷地面積}$$

【例】敷地面積が300㎡で指定容積率が200%の場合の最大延べ面積は？
300㎡×200％＝600㎡

延べ面積
各階の床面積の合計

なお、容積率の異なる地域にまたがって建物の敷地がある場合には、容積率は**加重平均**で計算します。

計算の仕方は
建蔽率と同様です

◆前面道路の幅員による容積率の制限

前面道路の幅員が**12m未満**の場合には、容積率に一定の制限があります。

なお、敷地が2つ以上の道路に接している場合には、**幅の広いほう**が前面道路となります。

5

不動産

❶、❷のうち、小さいほうが容積率となる

❶ 指定容積率

❷ 前面道路の幅員 × 法定乗数

法定乗数

住居系…$\dfrac{4}{10}$

その他…$\dfrac{6}{10}$

市街地における火災の類焼を防ぐために…
〜防火地域と準防火地域〜

　建物が密集している地域では、火災の類焼が発生しやすくなります。そこで、このような地域を**防火地域**または**準防火地域**に指定し、建物の構造に一定の制限（一定サイズ以上の建物は耐火建築物にしなければならないなど）を設けています。

　なお、特に指定されていない地域を**無指定地域**といいます。

　規制が厳しい順番に並べると

厳しい　　　　　　　　ゆるい
・**防火地域→準防火地域→無指定地域**

となります。

　また、2つ以上の地域にまたがって建物を建てる場合には、**もっとも厳しい地域**の規制が適用されます。

防火地域と準防火地域にまたがっている場合は「防火地域」の規制を適用

準防火地域と無指定地域にまたがっている場合は「準防火地域」の規制を適用

Topic 8 土地や建物を買うと、どんな税金がかかるの?

土地建物を買う前に

不動産取得税、登録免許税、消費税、印紙税などがかかる!

　不動産を取得したときにかかる税金には、**不動産取得税**、**登録免許税**、**消費税**、**印紙税**があります。

◇不動産取得税

　不動産を購入したり増改築をしたときは、不動産取得税がかかります。ただし、

・相続によって取得した場合

・法人の合併によって取得した場合

には、(表面的に持ち主がかわっただけなので)不動産取得税はかかりません。

　不動産取得税の税率は原則は4%ですが、2027年3月までに取得した土地と住宅については**3%**の税率が適用されます。

　なお、一定の不動産については、**課税標準の特例**があります。

税金は内容が細かいので
「ふーん、そんなのがあるのね」
くらいの気持ちで
読んでおけばOK

課税標準
税額を算定するときのもととなる金額

不動産取得税

課税標準			固定資産税評価額
不動産取得税の計算式			不動産取得税＝課税標準×3％（原則は4％）
課税標準の特例	宅地の場合		不動産取得税＝（課税標準×$\frac{1}{2}$）×3％
	住宅の場合	新築	【適用要件】 ・床面積が50㎡（戸建て以外の賃貸住宅は40㎡）以上240㎡以下　など 不動産取得税＝（課税標準－1,200万円）×3％
		中古	【適用要件】 ・床面積が50㎡以上240㎡以下　など 不動産取得税＝（課税標準－築年数に応じた控除額）×3％

◇登録免許税

　不動産について登記をするさい、登録免許税がかかります。不動産の登記には、**所有権保存登記、所有権移転登記、抵当権設定登記**などがあります。

不動産の登記

所有権保存登記	新築建物を購入したときなど、所有権を最初に登録するための登記
所有権移転登記	不動産を売買したり、不動産の相続があったときなど、所有権を移転したときに行われる登記
抵当権設定登記	抵当権を設定したときに行われる登記

　登録免許税の税率は、登記の内容によって異なります。また、個人が取得する住宅で、一定の要件を満たすものについては税率が軽減されます。

登録免許税

課税標準	固定資産税評価額（抵当権設定登記は債権金額）
登録免許税の計算式	登録免許税＝課税標準×税率

登録免許税の税率

登記内容		原則	住宅の軽減税率※1
所有権保存登記		0.4%	0.15%
所有権移転登記	売買	2 %	0.3 %※2
	相続	0.4%	—
	贈与など	2 %	—
抵当権設定登記		0.4%	0.1 %

※1 適用要件
・個人が所有する住宅であること
・床面積が50㎡以上であること
・新築または取得後1年以内に登記すること　など
※2 宅地建物取引業者により一定の増改築が行われた住宅を取得する場合は0.1%

◇消費税

消費税は、商品の販売やサービスの提供に対して課される税金です。

不動産の取引では、消費税がかかるものとかからないものがあります。

消費税

消費税がかかるもの	・建物の譲渡や貸付け（居住用を除く） ・不動産の仲介手数料
消費税がかからないもの	・土地の譲渡や貸付け ・居住用の賃貸住宅の貸付け（貸付期間が1カ月以上のもの）

◇印紙税

　不動産売買契約書など、一定の文書を作成したときは、印紙税が課されます。なお、印紙税は、契約書等に印紙を貼り、消印をすることによって納税します。

　印紙が貼られていなかったり、消印がない場合には、過怠税が課されますが、このような場合でも**契約自体は有効**です。

Topic 9 土地や建物を持っていると、毎年かかる税金

土地建物を買う前に

固定資産税や
都市計画税がかかる！

不動産を保有していると、**固定資産税**や**都市計画税**がかかります。

◇固定資産税

不動産を保有している間は、毎年、固定資産税がかかります。

固定資産税は、市区町村が、毎年**1月1日**に固定資産課税台帳に所有者として登録されている人に対して課税します。

固定資産税の**標準税率は1.4%**ですが、この税率は市区町村で決めることができます。また、住宅用地については課税標準の特例が、新築住宅については税額が軽減される特例があります。

固定資産税

課税標準	固定資産税評価額
固定資産税の計算式	固定資産税＝課税標準×1.4%（標準税率）
住宅用地の課税標準の特例	・小規模住宅用地（200㎡以下の部分） 固定資産税＝課税標準×$\frac{1}{6}$×1.4% ・一般住宅用地（200㎡超の部分） 固定資産税＝課税標準×$\frac{1}{3}$×1.4%
新築住宅の税額軽減の特例	住宅を新築等した場合で、一定の要件を満たしたときは、新築後3年間（耐火または準耐火構造の中高層住宅等は5年間）、床面積が120㎡までの部分について税額が2分の1に軽減される

5

不動産

◇都市計画税

　市街化区域内に土地や家屋を所有していると、都市計画税がかかります。

　都市計画税は、市区町村が、毎年**1月1日**に固定資産課税台帳に登録されている、**市街化区域内**の土地、家屋の所有者に対して課税します。

　都市計画税の税率は、**0.3%を上限（制限税率）**として、市区町村が決めることができます。なお、住宅用地については課税標準の特例があります。

都市計画税

課税標準	固定資産税評価額
都市計画税の 計算式	都市計画税＝課税標準×税率（上限0.3%）
住宅用地の 課税標準の 特例	・小規模住宅用地（200㎡以下の部分） 　都市計画税＝課税標準×$\frac{1}{3}$×税率 ・一般住宅地（200㎡超の部分） 　都市計画税＝課税標準×$\frac{2}{3}$×税率

標準税率
市区町村が税率を定める目安となる税率。この税率を超えてもいい
→固定資産税の「1.4%」はコレ

制限税率
市区町村が課税できる税率の上限。この税率を超えてはダメ
→都市計画税の「0.3%」はコレ

税金っていっぱいあるんだねー…

Topic 10 土地や建物を売ると、どんな税金がかかるの？

不動産の
譲渡時に
かかる税金

「譲渡所得」として所得税、住民税がかかるけど、いろいろな特例が用意されている！

　不動産を譲渡して収入を得たときは、**譲渡所得**として**所得税**や**住民税**がかかります。この場合の譲渡所得は**分離課税**となります。

譲渡所得（土地・建物の譲渡）

計算式		譲渡所得＝収入金額－（取得費＋譲渡費用）－特別控除額 　　　　　売却価額
課税方法		分離課税
税率	短期 譲渡所得	39％（所得税30％、住民税9％） ほかに復興特別所得税0.63％が加算される
	長期 譲渡所得	20％（所得税15％、住民税5％） ほかに復興特別所得税0.315％が加算される
ポイント		・取得費が不明な場合などは、売却価額の5％を概算取得費 　とすることができる

短期譲渡所得
譲渡した年の1月1日時点の所有期間が5年以内の資産の譲渡による所得

長期譲渡所得
譲渡した年の1月1日時点の所有期間が5年超の資産の譲渡による所得

5

不動産

◇居住用財産の3,000万円の特別控除

居住用財産を譲渡して譲渡益が生じたときには、譲渡所得の金額から最高 **3,000万円**を控除することができます。

居住用財産の3,000万円の特別控除

内容	譲渡益から最大3,000万円を控除することができる
主な適用要件	・居住用財産の譲渡であること ・配偶者、父母、子などへの譲渡ではないこと ・前年、前々年にこの特例を受けていないこと
ポイント	・譲渡した居住用財産の所有期間にかかわらず適用できる ・「居住用財産の軽減税率の特例」と併用して適用できる ・控除後の譲渡益がゼロとなる場合でも確定申告が必要

居住用財産
❶ 現在、住んでいる家屋や、家屋&その敷地
❷ 以前に住んでいた家屋や、家屋&その敷地
　（住まなくなって3年を経過した12月31日までに
　売ったものに限る）

◇居住用財産の軽減税率の特例

譲渡した年の1月1日時点での**所有期間が10年超**である居住用財産を譲渡した場合、「居住用財産の3,000万円の特別控除」を適用したあとの残額について軽減税率を適用することができます。

居住用財産の軽減税率の特例

内容	「居住用財産の3,000万円の特別控除」を適用したあとの残額（6,000万円以下の部分）に対して軽減税率が適用できる 【税率】 6,000万円以下の部分…所得税10%　住民税4% 　　　　　　　　　　（ほかに復興特別所得税0.21%が加算される） 6,000万円超の部分……所得税15%　住民税5% 　　　　　　　　　　（ほかに復興特別所得税0.315%が加算される）

◇空き家に係る譲渡所得の特別控除

相続等によって取得した、被相続人（<ruby>被<rt>ひ</rt></ruby><ruby>相続人<rt>そうぞくにん</rt></ruby>が住んでいた家屋（その後空き家になった家屋）や敷地を、相続開始日から **3 年**が経過した年の 12 月 31 日までに、**1 億円以下**の譲渡対価で譲渡した場合、譲渡益から最高 **3,000 万円**を控除することができます。

> 被相続人
> 相続財産を残して死亡した人

空き家に係る譲渡所得の特別控除

内容	譲渡益から最大3,000万円を控除することができる
主な適用要件	・相続開始まで被相続人の居住用とされており、その後相続によって空き家になったこと ・相続開始日から3年を経過した12月31日までに譲渡したこと ・譲渡対価が1億円以下であること

5

不動産

Topic 11 持っている不動産を有効活用しよう!

不動産の有効活用

使っていない不動産があるんだけど有効に活用したいな…というときは

不動産の有効活用の形態には、

・アパートやマンションの経営

・オフィスビルの経営

・駐車場として貸出し

・店舗として貸出し

不動産の立地や面積なども考慮して判断します

などがあります。

また、不動産を有効活用するための事業手法には、

・自己建設方式　←土地の所有者がお金の調達も建物の建築も全部自分でやる!

・事業受託方式　←土地活用の全部を業者におまかせ!

・建設協力金方式　←入居予定のテナントから建物の建設費を出してもらう!

・土地信託方式　←信託銀行におまかせして、配当金を受け取る!

・等価交換方式　←土地を譲渡して、代わりに土地&建物の権利を業者と分けあう!

・定期借地権方式　←一定期間だけ土地を貸して、期限が終了したら返してもらう

といったものがあります。

不動産の有効活用の事業手法

自己建設方式	土地の所有者が自分で企画、資金調達、建物の建築等を行う方法
事業受託方式	土地活用のすべてをデベロッパーにまかせる方法
建設協力金方式	土地の所有者が入居予定のテナントから建設協力金という名目で保証金を預かって、建物の建設費にあてる方法
土地信託方式	信託銀行に土地を信託して、配当金（信託受益権）を受け取る方法。土地の所有権は信託銀行に移転するが、信託期間の終了後に土地の所有者に戻る
等価交換方式	土地の所有者が土地を提供し、その土地にデベロッパーが建物を建て、完成後の土地と建物の権利を資金提供割合で分ける方法
定期借地権方式	定期借地権を設定して、土地を賃貸する方法

> デベロッパー
> 不動産開発業者

5
不動産

どのくらい利益が出るのか
計算しておかないとね!

　不動産投資をするさいには、採算が合うかどうかを検討する必要があります。不動産の採算性は、**単純利回り**や **NOI 利回り**（エヌオーアイ）といった**投資利回り**を利用して評価します。

不動産の投資利回り

単純利回り（表面利回り）	諸経費を考慮しないで計算するため、計算が簡単であるが、正確性に欠ける $$単純利回り = \frac{年間収入合計}{投資総額} \times 100$$
NOI利回り（純利回り）	諸経費を考慮して計算するため、単純利回りに比べて正確性が高い $$NOI利回り = \frac{年間収入合計 - 年間諸経費}{投資総額} \times 100$$

相続・事業承継

あなたが亡くなったときや

あなたのご両親が亡くなったとき

相続が発生します

誰が相続人となり

遺産がどのくらいあると

相続税を納付しなければならないのか

簡単なところをおさえておきましょう

Topic 1

死亡した人の財産を継ぐのは誰?

相続人

■ 相続人になる人は誰?
■ 順番って決まっているの?

相続とは、死亡した人の財産を、残された人が承継することをいいます。死亡した人を**被相続人**、財産を承継する人を**相続人**といいます。

◇相続人になれる人と順位

民法では、相続人の範囲を被相続人の配偶者と一定の血族に限っています。これを**法定相続人**といいます。

配偶者は常に相続人となり、それ以外の血族は

・第1順位…子
・第2順位…**直系尊属** ←父母、祖父母など。子がいない場合に相続人となる
・第3順位…**兄弟姉妹** ←子も直系尊属もいない場合に相続人となる

の順番で、先順位の人から相続人になります。

近年、両親がすでに死亡している独身の方の相続(第3順位の相続)が増えています

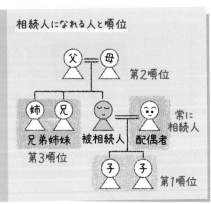

相続になれる人と順位

◇子の種類

子には、実子のほか、養子、胎児も含みます。

子の種類

実子	嫡出子	正式な婚姻関係のある人との間に生まれた子
	非嫡出子	正式な婚姻関係にない人との間に生まれた子 →被相続人が男性の場合には認知が必要
養子	普通養子	養子が実父母との親子関係を存続したまま、養父母との親子関係をつくるという縁組における養子 →養子は実父母と養父母の両方の相続人になる
	特別養子	養子が実父母との親子関係を断ち切り、養父母との親子関係をつくるという縁組における養子 →養子は養父母のみの相続人になる
胎児		まだ生まれていない子 →被相続人の死亡時にすでに生まれたものとして相続人となる

実子と養子、嫡出子と非嫡出子は同順位となります。

実子だからといって養子よりも先順位になるわけではありません

◇相続人になれない人

相続人の地位にある人でも、

欠格
被相続人を殺害したり、詐欺や強迫によって遺言書を書かせたりすること

❶ 欠格事由に該当する人
❷ 相続人から廃除された人
❸ 相続を放棄した人

廃除
被相続人を虐待するなど、著しい非行があった場合に、被相続人が家庭裁判所に申し立てて、その相続人の相続権をなくすこと

は相続人になれません。

6

相続・事業承継

「子」が亡くなっている場合
「孫」は相続人にならないの?

　相続の開始時に、相続人になれる人（推定相続人）がすでに**死亡**している場合や、**欠格**や**廃除**によって相続権がなくなっている場合は、その人の子（被相続人の孫、甥・姪）が相続人となります。これを**代襲相続**といいます。

「死亡」「欠格」「廃除」の場合には代襲相続がありますが

「相続の放棄」の場合には代襲相続はありません

代襲相続

第1順位の「子」が死亡等している場合	・子の子（被相続人の孫）が代襲する ・被相続人の孫も死亡等している場合はひ孫が代襲する →直系卑属の場合は、再代襲、再々代襲がある
第2順位の「直系尊属」が死亡等している場合	・直系尊属については代襲相続は生じない
第3順位の「兄弟姉妹」が死亡等している場合	・兄弟姉妹の子（被相続人の甥、姪）が代襲する →兄弟姉妹の場合は、兄弟姉妹の子（甥、姪）までしか代襲は認められない

直系尊属（ちょっけいそんぞく）
親子関係のある自分より前の世代
→父母・祖父母など

直系卑属（ちょっけいひぞく）
親子関係のある自分より後の世代
→子・孫など

Topic 2 誰がどのくらい相続するの?

相続分

民法で定められているけど そのとおりじゃなくてもいい

相続分とは、複数の相続人がいる場合の、各相続人が遺産を相続する割合をいいます。相続分には、

・**指定相続分** ←遺言によって被相続人が相続分を指定すること。法定相続分より優先される

・**法定相続分** ←民法で定められた各相続人の相続分

があります。

法定相続分は次ページのとおりです。なお、子が2人いる場合など、同順位に複数の相続人がいる場合には、相続分を均分して各人の相続分を計算します。

子が2人だったら
法定相続分を半分こ
にします

もし子どもが2人
だったら…

また、実子と養子で相続分にちがいはありません。

6

相続・事業承継

203

法定相続分

相続人が配偶者のみの場合	配偶者がすべて相続	
相続人が配偶者と子の場合	配偶者 $\frac{1}{2}$　子 $\frac{1}{2}$ →子が2人（A、B）いる場合は Aの相続分：$\frac{1}{2} \times \frac{1}{2} = \frac{1}{4}$ Bの相続分：$\frac{1}{2} \times \frac{1}{2} = \frac{1}{4}$	被相続人　配偶者 Ⓐ　Ⓑ
相続人が配偶者と直系尊属の場合	配偶者 $\frac{2}{3}$　直系尊属 $\frac{1}{3}$ →父・母が健在の場合は 父の相続分：$\frac{1}{3} \times \frac{1}{2} = \frac{1}{6}$ 母の相続分：$\frac{1}{3} \times \frac{1}{2} = \frac{1}{6}$	父　母 被相続人　配偶者
相続人が配偶者と兄弟姉妹の場合	配偶者 $\frac{3}{4}$　兄弟姉妹 $\frac{1}{4}$ →兄弟姉妹が2人（C、D）いる場合は Cの相続分：$\frac{1}{4} \times \frac{1}{2} = \frac{1}{8}$ Dの相続分：$\frac{1}{4} \times \frac{1}{2} = \frac{1}{8}$	父　母　すでに死亡 Ⓒ　Ⓓ 兄弟姉妹　被相続人　配偶者

やってみよう！

ここで、自分や両親が亡くなった場合の、
相続人と法定相続分を確認しておきましょう

「お金ノート」使用
→レッスン10、11

「お金ノート」の
家系図を完成させて
みましょう

Topic 3 借金を相続するのはイヤだから、相続放棄したいな…というときは

相続の承認と放棄

ざっと読もう

相続は放棄したり、プラスの財産の範囲内でマイナスの財産を相続する、ということもできる

相続によって、相続人は被相続人のプラスの財産だけでなく、借金などのマイナスの財産も引き継ぎます。そのため、相続人は、被相続人の財産を相続するかどうかを選ぶことができます。

◇単純承認

原則として、相続人はマイナスの財産も含めて、被相続人のすべての財産を承継します。これを**単純承認**といいます。

なお、相続の開始があったことを知った日から**3カ月以内**に下記の限定承認や放棄をしなかったときは、単純承認したものとみなされます。

◇限定承認

限定承認とは、被相続人のプラスの財産の範囲内で、マイナスの財産を承継することをいいます。

限定承認をする場合、相続の開始があったことを知った日から**3カ月以内**に**相続人全員**で**家庭裁判所**に申し出る必要があります。

被相続人に債務がどのくらいあるか不安なときは限定承認がよいのですが

限定承認だと相続税のほかに譲渡所得税がかかることがあったり相続税の減税制度を受けられなかったりするので利用するときはきちんと内容を理解しておきましょう

6

相続・事業承継

◇放棄

放棄とは、被相続人のすべての財産の相続を放棄することをいいます。

放棄をする場合、相続の開始があったことを知った日から**3カ月以内**に**家庭裁判所**に申し出る必要があります。←放棄は単独でできる！

限定承認や放棄を選択する
猶予は3カ月間あるので
その期間に被相続人の財産
の状況を調べて

債務超過（マイナスの
財産が多い）ならば
放棄を選択し
そうでないならば単純承認
…というのがいいのかな
と思います

誰がどの財産を承継するとか どうやって決めるの?

相続財産を相続人で分けることを**遺産分割**といいます。

遺産分割には、

・**指定分割**　←被相続人が残した遺言にもとづいて相続財産を分割する方法
・**協議分割**　←相続人全員の協議によって相続財産を分割する方法
・**調停分割**　←協議分割が成立しない場合に家庭裁判所の調停によって分割する方法
・**審判分割**　←調停でもまとまらない場合に家庭裁判所の審判によって分割する方法

があり、このうち指定分割が最優先されます。

また、遺産分割の方法には、

・**現物分割**　←遺産を現物のまま分割する方法
・**換価分割**　←遺産の全部または一部をお金に換えて、そのお金を分割する方法
・**代償分割**　←ある相続人が遺産を現物で取得し、他の相続人には自分の財産（現金な
　　　　　　　　ど）を支払う方法

などがあります。

Topic 4

「私が死んだら、妻には家、長男には現金を相続させる」という意思を示しておく

遺言

大人なら知っておこう

ちゃんとした形式で書いておかないとダメ!

　遺言とは、生前に自分の意思を表示しておくことをいい、本人の死亡と同時に法律効果が生じます。

　遺言は、**満15歳以上**で意思能力があれば誰でも行うことができます。また、遺言の内容はいつでも全部または一部を変更することができます。

　もし、遺言書が複数出てきた場合には、作成日の**新しいもの**が有効となります。

私が死んだら…

6

相続・事業承継

◇遺言書の種類

　遺言を書面の形で残したものが遺言書です。

　一般的に使われる遺言書には、

・**自筆証書遺言**
・**公正証書遺言**　←もめそうなときや、めんどくさがり屋さんだったらコレがいいかも
・**秘密証書遺言**

の3つの種類があり、それぞれの方式にしたがった遺言でなければ、効力は生じません。

> 相続が開始すると「遺産分割協議書」などの書類に相続人のサイン等が必要になるのですが連絡が取れない相続人がいると相続手続きが進まなくなります

> しかし遺言書があれば連絡が取れない相続人がいても遺言によって相続手続きを進められますですから「連絡の取れない子（相続人）がいる」などの場合には遺言書があったほうがいいでしょう

遺言書の種類

	内容	証人	検認
自筆証書遺言	・遺言者が遺言の全文・日付・氏名を自書し、押印する。ただし、財産目録を添付する場合は毎ページに署名・押印すれば、その目録は自書不要 ・原本は法務局で保管することもできる→この場合、検認は不要	不要	必要 （法務局に保管した場合は不要）
公正証書遺言	・遺言者が口述し、公証人が筆記する ・原本は公証役場に保管される	2人以上必要	不要
秘密証書遺言	・遺言者が遺言書に署名・押印し、封印する ・公証人が日付等を記入する →遺言の内容を秘密にして、存在だけを証明してもらう方法	2人以上必要	必要

自筆証書遺言のポイント
・本文はパソコン等で作成できない
・財産目録は毎ページに署名・押印すればパソコン等での作成 OK

証人になれない人
❶未成年者
❷推定相続人等
❸❷の配偶者や直系血族　など

検認
家庭裁判所が遺言書を確認し、遺言書の偽造等を防止するための手続き
→内容が有効なものであると認めるものではない

公証人
契約等の適法性を公権力にもとづいて証明したり認証する人

夫が遺言で「財産全額を××団体に寄付する」と書いた …残された私の生活、どうなるの?

　遺言書の作成によって、被相続人の財産の全部を特定の人にあげるということができますが、そうすると残された家族が家を失ったり、生活ができなくなってしまうこともあります。

　そこで民法は、法定相続人が最低限の遺産を受け取れるようにしています。これを遺留分といいます。

◇ 遺留分権利者

遺留分を請求する権利がある人を**遺留分権利者**といいます。

配偶者、子、直系尊属は、遺留分権利者となりますが、**兄弟姉妹は遺留分権利者となりません。**

◇ 遺留分の割合

遺留分の割合は2分の1ですが、直系尊属のみが相続人である場合は3分の1です。

この割合に法定相続分の割合を掛けて、各遺留分権利者の割合を計算します。

【例】相続人が配偶者と子2人（A、B）の
場合の各人の遺留分は？

配偶者の遺留分：$\frac{1}{2} \times \frac{1}{2} = \frac{1}{4}$

子Aの遺留分　：$\frac{1}{2} \times \frac{1}{2} \times \frac{1(人)}{2(人)} = \frac{1}{8}$

子Bの遺留分　：$\frac{1}{2} \times \frac{1}{2} \times \frac{1(人)}{2(人)} = \frac{1}{8}$

 …法定相続分

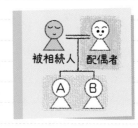

◇ 遺留分侵害額請求権

遺言によって遺留分が侵害された場合、遺留分権利者は、遺留分を侵害した人に対して、侵害額に相当する**金銭の支払い**を請求する権利が認められます。これを**遺留分侵害額請求権**といいます。

遺留分侵害額請求権は

・**相続の開始および遺留分の侵害を知った日から1年以内**

　または

・**相続開始から10年以内**

に行使しないと、その後は請求することができなくなります。

Topic 5 相続税がかかる財産と かからない財産

相続税
課税価格
の計算

まずは相続税がかかる財産と かからない財産を分けよう!

相続や遺贈によって財産を取得した場合、相続税がかかります。

> 遺贈
> 遺言による財産の取得

なお、相続税の税額は次の流れで計算します。

相続税の計算の流れ

Step1 相続財産の課税価格を計算する
↓
Step2 相続税の総額を計算する
↓
Step3 各人の相続税額を計算する

◇相続税がかかる財産

相続税がかかる財産には、

・**本来の相続財産**
・**みなし相続財産**
・**生前贈与財産**
・**相続時精算課税による贈与財産**

があります。

> 相続時精算課税
> 生前に、父母や祖父母から子や孫に
> 贈与をしたときは贈与税を軽減し、代
> わりに相続時にその財産を相続財産と
> して加算して、相続税を計算するという
> 制度
> →くわしくは Topic 9 で説明

相続税がかかる財産（課税財産）

本来の相続財産	被相続人が生前に所有していた財産 →現預金、有価証券、土地、建物　など
みなし相続財産	本来は相続財産ではないが、相続財産とみなされる財産 →死亡保険金、死亡退職金　など
生前贈与財産	相続または遺贈により財産を取得した人が相続開始前7年※以内に被相続人から贈与された財産 ※　2026年12月31日までの贈与は3年、以後段階的に延長し、最終的に7年になるのは2032年1月1日以後の贈与から
相続時精算課税による贈与財産	相続時精算課税を適用した財産

死亡退職金
被相続人に支給されるはずだった退職金。
被相続人の死後3年以内に支給額が確
定したものは相続税の課税対象となる

◇相続税がかからない財産

　墓地や墓石、祭具、仏壇、仏具などの宗教上の儀式にかかるものには、相続税はかかりません（非課税）。

◇死亡保険金・死亡退職金のうち非課税額

　また、生命保険金（死亡保険金）や死亡退職金を受け取ったときは、それぞれについて、一定額（下記の計算式で求めた金額）までが非課税となります。

非課税限度額＝500万円×法定相続人の数

　死亡保険金等を受け取った相続人が複数いる場合には、上記の非課税限度額を計算したあと、次の計算式によって各人の非課税金額を計算します。

$$各人の非課税金額＝非課税限度額×\frac{その相続人が受け取った死亡保険金等}{全相続人が受け取った死亡保険金等}$$

　なお、相続を放棄した人は相続人ではないため、**相続を放棄した人が受け取った保険金等については、非課税の適用はありません。**

◆弔慰金のうち非課税額

相続人が弔慰金を受け取ったときは、

・業務上の死亡のときは給与の 36 カ月分

・業務外の死亡のときは給与の 6 カ月分

が非課税となります。

> 弔慰金
> 故人を弔うとともに
> 遺族を慰めるために
> 会社が贈る金銭

◇債務控除（債務、葬式費用）

被相続人の**債務**（借入金など）や**葬式費用**は、相続財産（プラスの財産）から控除することができます。相続財産から控除できる債務、葬式費用は次のとおりです。

相続財産から控除できる債務、葬式費用

	控除できるもの	控除できないもの
債務	・借入金 ・未払いの医療費 ・未払いの税金　　　など	・生前に購入した墓地等の未払金 ・遺言執行費用　　　など
葬式 費用	・通夜・本葬儀費用 ・火葬・納骨費用　　　など	・香典返しにかかった費用 ・法要費用（初七日、四十九日等） 　　　など

というわけで
課税価格は
このように計算
します

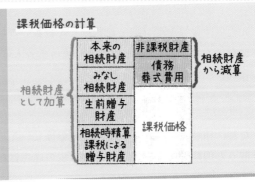

課税価格の計算

相続財産として加算	本来の相続財産	非課税財産	相続財産から減算
	みなし相続財産	債務葬式費用	
	生前贈与財産	課税価格	
	相続時精算課税による贈与財産		

Topic 6 妻と子2人が相続人という場合の相続税の計算は?

相続税の計算

みんなが必要な知識

遺産が現金50万円のみ
…それでも相続税ってかかるの?

　各相続人の課税価格 (Topic 5) を求めたら、次は相続税の総額を計算します。

　相続税の総額は

❶ 各人の課税価格を合計する

【例】
妻 A の課税価格が 1 億 5,800 万円
子 B の課税価格が 5,000 万円
子 C の課税価格が 4,000 万円だとすると、
課税価格の合計額は 2 億 4,800 万円

配偶者

子

子

1億5,800万円 + 5,000万円 + 4,000万円=2億4,800万円

❷ ❶から遺産に係る基礎控除額を差し引いて課税遺産総額を計算する

❸ 相続人が❷の課税遺産総額を法定相続分どおりに取得したとして税率を掛けて相続税の総額を計算する

という流れで計算します。

◇遺産に係る基礎控除額

　相続が発生すると相続税はどうなるのか心配になりますが、相続が発生したからといって必ず相続税がかかるわけではありません。課税価格の合計額が下記の計算式で求めた基礎控除額以下であれば相続税はかからないしくみになっています。

> 遺産に係る基礎控除額＝3,000万円＋600万円×法定相続人の数

【例】
法定相続人が妻A、子B、子Cの3人
だとすると、遺産に係る基礎控除額は
3,000万円＋600万円×3人＝4,800万円

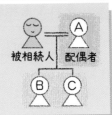

うちは3000万円も
財産がないから
相続税は
無縁だねー

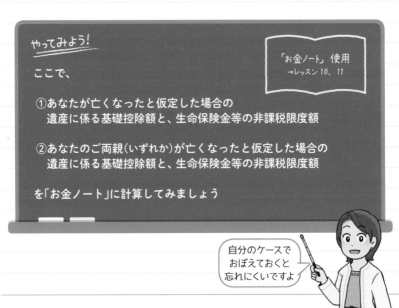

やってみよう！

「お金ノート」使用
→レッスン10、11

ここで、

①あなたが亡くなったと仮定した場合の
　遺産に係る基礎控除額と、生命保険金等の非課税限度額

②あなたのご両親（いずれか）が亡くなったと仮定した場合の
　遺産に係る基礎控除額と、生命保険金等の非課税限度額

を「お金ノート」に計算してみましょう

自分のケースで
おぼえておくと
忘れにくいですよ

　民法上、養子は何人いてもいいのですが、養子を無制限に認めると、相続税の基礎控除額を増やすために養子を増やしたり、意図的に相続の放棄をすることによって、法定相続人の数を操作することができてしまいます。

　そこで、相続税の計算では、法定相続人の数について次のような取り扱いをしています。

法定相続人の数

相続の放棄があった場合	放棄がなかったものとして取り扱う →放棄した人も法定相続人の数に算入する	
養子がいる場合	被相続人に実子がいる場合	法定相続人に算入できる養子の数は1人まで
	被相続人に実子がいない場合	法定相続人に算入できる養子の数は2人まで

死亡保険金等の非課税限度額や
遺産に係る基礎控除額を計算する
さいの「法定相続人の数」は
このルールにもとづいて計算します

◇ 課税遺産総額

　課税価格の合計額から遺産に係る基礎控除額を差し引いて**課税遺産総額**（相続税がかかる金額）を計算します。

【例】
課税価格の合計額が2億4,800万円で遺産
に係る基礎控除額が4,800万円だとすると
課税遺産総額は
2億4,800万円－4,800万円＝2億円

6

相続・事業承継

いったん合算した財産の額を法定相続分で分けてから相続税を計算する

　相続税の計算では、**課税遺産総額を各相続人が法定相続分で取得したと仮定して、各人の仮の相続税額を計算し、これを合算して相続税の総額を計算**します。

相続税の速算表

法定相続分に応じた取得金額		税率	控除額
	1,000万円以下	10%	―
1,000万円超	3,000万円以下	15%	50万円
3,000万円超	5,000万円以下	20%	200万円
5,000万円超	1億円以下	30%	700万円
1億円超	2億円以下	40%	1,700万円
2億円超	3億円以下	45%	2,700万円
3億円超	6億円以下	50%	4,200万円
6億円超		55%	7,200万円

試験では
この表は与えられる
のでおぼえる必要は
ありません

【例】
課税遺産総額が2億円、法定相続人が妻A、子B、子Cの場合は…
法定相続分
妻A：2億円 × $\frac{1}{2}$ ＝ 1億円
子B：2億円 × $\frac{1}{4}$ ＝ 5,000万円
子C：2億円 × $\frac{1}{4}$ ＝ 5,000万円
各人の仮の相続税額
妻A：1億円 × 30％ － 700万円 ＝ 2,300万円
子B：5,000万円 × 20％ － 200万円 ＝ 800万円
子C：5,000万円 × 20％ － 200万円 ＝ 800万円
相続税の総額
2,300万円 ＋ 800万円 ＋ 800万円 ＝ 3,900万円

相続税の総額を
計算するときは

相続人が法定相続分
を相続したと仮定し
て税額を計算します

相続税の総額を
実際の取得割合に応じて各相続人に分ける!

　相続税の総額を計算したら、こんどは実際の取得割合に応じて各人の相続税額(**算出税額**)を計算します。

$$各人の算出税額＝相続税の総額 \times \frac{各人の課税価格}{課税価格の合計額}$$

【例】
相続税の総額が 3,900 万円、各相続人が取得した財産の課税価格が妻 1 億 5,800 万円、子B 5,000 万円、子C 4,000 万円(合計 2 億 4,800 万円)の場合は…

各人の算出税額

妻A：$3,900 万円 \times \dfrac{1 億 5,800 万円}{2 億 4,800 万円}$ (← 0.64) ＝ 2,496 万円

子B：$3,900 万円 \times \dfrac{5,000 万円}{2 億 4,800 万円}$ (← 0.20) ＝　780 万円

子C：$3,900 万円 \times \dfrac{4,000 万円}{2 億 4,800 万円}$ (← 0.16) ＝　624 万円

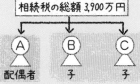

相続税の総額 3,900 万円

Ⓐ　Ⓑ　Ⓒ
配偶者　子　子

1億5,800万円 ＋ 5,000万円 ＋ 4,000万円 ＝ 2億4,800万円

| 算出税額 2,496万円 | 算出税額 780万円 | 算出税額 624万円 |

これはちょっと難しいので興味のある人だけ見ておいてください

6

相続・事業承継

217

Topic 7 相続税が増額される人と減額される人がいる!

相続税の増額と減額

財産がいっぱいある人

▌相続人の状況に応じて相続税が増額・減額される!

　各人の算出税額(Topic 6)を計算したら、ここから相続人の状況に応じて相続税の増額や減額が行われます。そして最終的な納付税額が確定します。

◇相続税が増額される場合

　被相続人の**配偶者および1親等の血族以外の人**が、相続または遺贈によって財産を取得した場合には、**算出税額の2割が加算**されます。

> 1親等の血族
> 子、父母のこと

　なお、子が死亡したことによって孫が**代襲相続人**となった場合、その孫は2割加算の対象とはなりません。

> 2割加算の対象者
> ・兄弟姉妹
> ・甥、姪
> ・孫(代襲相続人を除く)　　など

◇相続税が減額される場合

　被相続人から相続開始前の一定期間内に贈与を受けている人(生前贈与加算の対象となった人)、配偶者、未成年者、障害者などは、次ページの税額控除を受けることができ、相続税が減額されます。

相続税が減額される人（税額控除）

税額控除	内容
贈与税額控除	生前贈与加算の対象となった人が贈与税を課された場合、贈与税額を相続税額から控除できる
配偶者の税額軽減	配偶者が取得した財産が、次のいずれか多い金額までは、相続税はかからない ❶1億6,000万円 ❷配偶者の法定相続分相当額
未成年者控除	相続や遺贈で財産を取得した相続人が未成年者（18歳未満）である場合、次の金額を相続税額から控除することができる 控除額＝（18歳－相続開始時の年齢）×10万円
障害者控除	相続や遺贈で財産を取得した相続人が障害者である場合、次の金額を相続税額から控除することができる 控除額＝（85歳－相続開始時の年齢）×10万円※ ※　特別障害者の場合は20万円

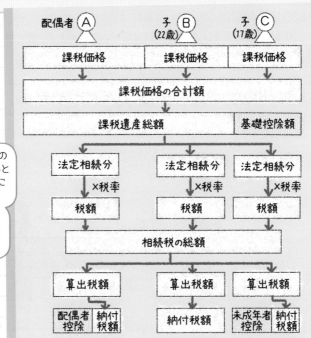

相続税の計算の流れをまとめるとこんなカンジになります

なお子Cは未成年者と仮定しています

Topic 8 相続税はいつまでに、どこに納付するの?

相続税の申告と納付

大人なら知っておこう

申告・納付は「10カ月以内」延納や物納が認められることも!

　相続や遺贈によって財産を取得した人は、相続の開始があったことを知った日の翌日から **10カ月以内**に、**被相続人の死亡時における住所地の所轄税務署**に、相続税の申告書を提出しなければなりません。

　なお、**相続財産が基礎控除額以下の場合は申告は不要**ですが、**配偶者の税額軽減などを適用する場合**には、納付税額が0円であっても**申告書の提出が必要**です。

◇相続税の納付

　相続税は納付期限（申告書の提出期限）までに、**金銭一括納付**が原則ですが、一定の要件を満たせば、

- **延納**（えんのう）　←相続税の全部または一部を年払いで分割して納付する方法
- **物納**（ぶつのう）　←相続財産によって相続税を納付する方法

が認められています。

順序的には
❶金銭一括
…が難しいときは
❷延納
…も厳しいときは
❸物納
となります

延納と物納の要件

延納の要件	・金銭一括納付が困難であること ・納付すべき相続税額が10万円を超えていること ・申告期限までに延納申請書を提出すること ・担保を提出すること。ただし、延納税額が100万円以下かつ延納期間が3年以下の場合は担保は不要
物納の要件	・延納によっても金銭納付が困難であること ・申告期限までに物納申請書を提出すること

これをクリアするのがタイヘン…

物納は要件が厳しいので最近は物納の申請件数が大幅に減りました

財産はあるけどどうしても現金がない（現金化できない）という人しか適用できないようになっています

　なお、原則として**延納から物納への変更はできません**が、申告期限から10年以内で、延納による納付が困難になったときは、延納から物納に変更することができます。

Topic 9 いくら以上のものをもらうと 贈与税がかかるの?

贈与税

贈与契約は 「あげるよ」「もらうね」で成立!

贈与とは、生存している個人から財産をもらう契約をいいます。

贈与は財産をあげる人ともらう人の**合意**で成立するので、贈与契約は**口頭**でも**書面**でも有効となります。

なお、口頭による場合(**書面によらない贈与契約**)は、あげる人からでも、もらう人からでも、**いつでも契約を解除すること**ができます。ただし、すでにあげたり、もらったりした部分(**履行が終わった部分**)については解除することはできません。

◇贈与の形態

贈与の形態には、次のようなものがあります。

贈与の形態

通常の贈与	下記にあてはまらない、一般的な贈与
定期贈与	定期的に一定額を贈与する契約 【例】「毎年、100万円を5年間にわたってあげるよ」
負担付贈与	受贈者に一定の義務を負わせる契約 【例】「土地をあげるから、借入金500万円を負担してね!」
死因贈与	贈与者の死亡によって実現する贈与。相続税の対象となる 【例】「私が死んだら、この土地をあげるね!」

受贈者
財産をもらった人

贈与者
財産をあげた人

遺贈も死因贈与も
財産を取得した人には
相続税がかかりますが
死因贈与は遺言書
のように厳格なルールは
ありません

贈与税がかかるものと かからないもの

　贈与税は、1年間（1月1日から12月31日まで）にもらった財産の合計額をもとに計算します。

なお贈与税は
財産をもらった人
に納税義務が生じます

1月1日から12月31日
までの1年間を暦年(れきねん)
という！

◇贈与税がかかる財産

　贈与税がかかる財産には、**本来の贈与財産**と**みなし贈与財産**があります。

贈与税がかかる財産（課税財産）

本来の贈与財産	贈与によって取得した財産で金銭的価値のあるもの →現預金、有価証券、土地、建物　など
みなし贈与財産	本来は贈与財産ではないが、贈与を受けたのと同じ効果のある財産 →保険料の負担者ではない人が受け取った生命保険金、低額譲受、債務免除　など

低額譲受
時価に比べて著しく低い価額で
財産を譲り受けた場合の時価と
実際に支払った金額との差額

債務免除
借金をしている人が、その借金を免
除してもらった場合の免除してもらっ
た金額

◇贈与税がかからない財産

　贈与を受けた財産でも、

・扶養義務者から受け取った生活費や教育費
・祝い金、香典、見舞い金
・法人から贈与された財産 ←所得税（一時所得や給与所得）の対象となる
・相続開始年に被相続人から受け取った贈与財産 ←相続税の対象となる
　（相続または遺贈により財産を受け取った人のみ）

などは贈与税がかかりません。

年間110万円までの贈与には 贈与税がかからない!

　贈与税には **110万円の基礎控除**があるので、1年間に受けた贈与が110万円までであれば、贈与税はかかりません。
　贈与税額は、基礎控除後の課税価格に贈与税率を掛けて計算しますが、**18歳以上**の人が直系尊属（父母や祖父母）から贈与を受けた場合には、低い税率（**特例税率**）を適用して計算することができます。

年齢は
「贈与を受けた年の1月1日時点で18歳以上」です

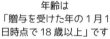

贈与税額＝（課税価格−110万円）×税率−控除額

試験では
この表は与えられる
のでおぼえる必要は
ありません

贈与税の速算表（一般税率）

基礎控除後の課税価格		税率	控除額
	200万円以下	10%	—
200万円超	300万円以下	15%	10万円
300万円超	400万円以下	20%	25万円
400万円超	600万円以下	30%	65万円
600万円超	1,000万円以下	40%	125万円
1,000万円超	1,500万円以下	45%	175万円
1,500万円超	3,000万円以下	50%	250万円
3,000万円超		55%	400万円

18歳以上の人が
直系尊属から贈与を
受けたときは
こちら！

贈与税の速算表（特例税率）

基礎控除後の課税価格		税率	控除額
	200万円以下	10%	―
200万円超	400万円以下	15%	10万円
400万円超	600万円以下	20%	30万円
600万円超	1,000万円以下	30%	90万円
1,000万円超	1,500万円以下	40%	190万円
1,500万円超	3,000万円以下	45%	265万円
3,000万円超	4,500万円以下	50%	415万円
4,500万円超		55%	640万円

受贈者の状況によって
贈与税が減額される制度がある！

6

相続・事業承継

　一定の要件を満たした場合には、贈与税の特例が適用でき、贈与税が減額されます。

結婚している人は
自分の婚姻期間を
チェック！

◇贈与税の配偶者控除

　婚姻期間が20年以上の配偶者から**居住用不動産または居住用不動産を購入するための金銭**の贈与があったときは、基礎控除とは別に、**2,000万円**（基礎控除とあわせて**2,110万円**）までは贈与税がかかりません。

贈与税の配偶者控除

主な要件	・婚姻期間が20年以上 ・居住用不動産または居住用不動産を取得するための金銭の贈与であること ・贈与を受けた年の翌年3月15日までに居住を開始し、その後も引き続き居住し続ける見込みであること
ポイント	・同じ配偶者の間では、一生に1回のみの適用 ・贈与税額が0円となる場合でも、贈与税の申告書の提出が必要

◇相続時精算課税制度

相続時精算課税制度とは、父母や祖父母からの贈与について、贈与時に**累計 2,500 万円**までの贈与財産を非課税とし、その後の相続時に、贈与分と相続分を合算して相続税を計算する制度です。

> 2024 年 1 月からは
> 特別控除(累計 2,500 万円)の前に
> 年 110 万円を控除することが
> できます

なお、非課税分を超える部分には、**一律 20%**の贈与税が課税されます。

相続時精算課税制度

適用対象者	【贈与者】←あげた人 　贈与年の1月1日時点で満60歳以上の父母または祖父母 【受贈者】←もらった人 　贈与年の1月1日時点で満18歳以上の推定相続人である子(養子も含む)または孫
手続き	最初に贈与を受けた年の翌年2月1日から3月15日までに「相続時精算課税選択届出書」を提出する
特別控除額	・贈与財産の合計が2,500万円までは非課税 　(2024年1月以降は特別控除の前に年110万円を控除できる) ・非課税枠を超える分については一律20%が課税される
ポイント	・贈与者ごと、受贈者ごとに選択できる 　→父からの贈与は相続時精算課税制度を選択し、 　　母からの贈与は暦年課税を選択することもできる ・いったん相続時精算課税制度を適用したら、それ以降は同じ贈与者からの贈与はすべて相続時精算課税制度が適用される

推定相続人
いまのままで相続が生じたときに当然に相続人となる人

暦年課税
通常の贈与税の課税方式
→基礎控除 110 万円

◇直系尊属から住宅取得等資金の贈与を受けた場合の非課税制度

18 歳以上の人が、直系尊属（父母や祖父母など）から、一定の住宅を取得するための資金をもらった場合には、もらった金額のうち一定額が非課税となります。

直系尊属から住宅取得等資金の贈与を受けた場合の非課税制度

適用対象者	【贈与者】←あげた人 直系尊属（父母、祖父母など） 【受贈者】←もらった人 贈与年の1月1日時点で満18歳以上で、その年の合計所得金額が2,000万円以下の人
適用住宅	取得した住宅用家屋の床面積が40㎡以上※240㎡以下 ※　40㎡以上50㎡未満の場合は、その年の合計所得金額が1,000万円以下の受贈者に限る
非課税限度額	・省エネ等の住宅：1,000万円 ・上記以外の住宅：500万円
ポイント	・暦年課税か相続時精算課税制度のいずれかと併用して適用することができる

受贈者の合計所得金額	床面積
1,000万円超 2,000万円以下	50㎡ 以上240㎡ 以下
1,000万円以下	40㎡ 以上240㎡ 以下

◇教育資金の一括贈与に係る贈与税の非課税措置

2026 年 3 月 31 日までに、直系尊属（父母や祖父母など）が **30 歳未満**の子や孫などに対して、教育資金にあてるために金銭を贈与し、金融機関に預入れ等した場合には、一定額が非課税となります。

教育資金の一括贈与に係る贈与税の非課税措置

適用対象者	【贈与者】←あげた人 　直系尊属（父母、祖父母など） 【受贈者】←もらった人 　前年の合計所得金額が1,000万円以下である30歳未満の子や孫など
非課税となる 教育資金	・学校等に支払われる入学金や授業料その他の金銭 ・学校等以外に支払われる金銭のうち一定のもの 　→塾や習い事の月謝等。なお、受贈者が23歳に達した日の翌日以降に支払われるもので一定のものは除外される ・通学定期券代 ・留学渡航費
非課税限度額	受贈者1人につき1,500万円。うち学校等以外への支払いは500万円が限度

贈与税はいつまでに
申告・納付すればいいの？

　贈与税の申告書は、贈与を受けた年の翌年 **2 月 1 日**から **3 月 15 日**までに受贈者の住所地の所轄税務署に提出します。なお、その年の 1 月 1 日から 12 月 31 日までに贈与された財産の合計額が基礎控除（110 万円）以下の場合には申告は不要です。ただし、以下の特例の適用を受ける場合には、納付税額が 0 円であっても、申告が必要です。

・贈与税の配偶者控除
・相続時精算課税制度※
・直系尊属から住宅取得等資金の贈与を受けた場合の非課税制度

※ 2024 年 1 月以降は年 110 万円以下の贈与であれば申告不要

贈与税は納付期限（申告書の提出期限）までに、**金銭一括納付**が原則ですが、一定の要件を満たせば、**5年以内の延納**も認められています。

贈与税では
物納は認められて
いません

桃子に110万円以上
あげると、贈与税が
かかるんだね

そんなお金
ウチに
ないわっ！

ふむ…

6

相続・事業承継

Topic 10 相続や贈与で取得した財産っていくらで計算するの?

財産の評価

土地をたくさん持っている人

原則は時価だけど宅地は利用状況によって異なる!

　相続税や贈与税の計算のもととなる財産の価額は、原則として**時価**で評価するのですが、宅地については利用状況によって評価の仕方が変わります。

時価
その時の市場価格

◇宅地の評価方法

　宅地の評価方法には

宅地
建物の敷地として使われる土地

・**路線価方式** ←路線価が定められている宅地（市街地）の評価方法

・**倍率方式** ←路線価が定められていない地域の宅地の評価方法

があります。

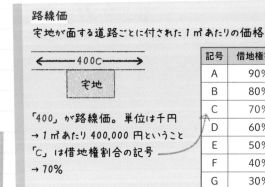

路線価
宅地が面する道路ごとに付された 1 ㎡あたりの価格

←400C→

宅地

「400」が路線価。単位は千円
→ 1 ㎡あたり 400,000 円ということ
「C」は借地権割合の記号
→ 70%

借地権割合
土地の評価額に対する借地権（土地を借りている人の権利）の評価額の割合

記号	借地権割合
A	90%
B	80%
C	70%
D	60%
E	50%
F	40%
G	30%

路線価方式では、路線価に宅地の面積（**地積**）を掛けて宅地の評価額を計算します。

宅地の評価額＝路線価×地積

なお、宅地の形状は一定ではなく、縦長であったり、横長であったりする場合があります。そこで、宅地を路線価方式で評価するときは、路線価に**奥行価格補正率**を掛けて評価額の補正を行います。

宅地の評価額＝路線価×奥行価格補正率×地積

ほかの補正もありますがFP試験では奥行価格補正率だけ知っていればいいでしょう

【例】
下記の場合の評価額は…

←――― 400C ―――→

地積 200㎡

奥行価格補正率：0.95

400,000円 × 0.95 × 200㎡
＝ 76,000,000円

◇宅地の評価

宅地は、**自用地**、**借地権**、**貸宅地**、**貸家建付地**に分類して評価します。

◇**自用地の評価**

自用地とは、土地の所有者が自分のために使用している土地をいいます。

自用地は、路線価方式（上記参照）または倍率方式で評価額を計算します。

自用地
Aさんの土地にAさんが家を建てて住んでいる

A　Aさんの自宅

Aさんの土地

自用地以外の宅地はこの自用地の評価額をベースにして計算します

◆借地権の評価

借地権とは、地主に賃料を支払って、土地を借りて使用している場合の借主の権利をいいます。

借地権の評価額は、自用地評価額に借地権割合を掛けて計算します。

借地権
Aさんの土地をBさんが借りている場合のBさんの権利

$$借地権の評価額＝自用地評価額×借地権割合$$

◆貸宅地の評価

貸宅地とは、借地権が設定されている宅地をいいます。

貸宅地の評価額は、次の計算式により計算します。

貸宅地
Aさんの土地をBさんが借りている場合のAさんの土地

$$貸宅地の評価額＝自用地評価額×（1－借地権割合）$$

借地権の評価額はBさんから見た土地の評価

貸宅地の評価額はAさんから見たBさんに貸している土地の評価額です

◆貸家建付地の評価

貸家建付地とは、自分の土地にアパートなどを建てて他人に貸している場合の宅地をいいます。

貸家建付地の評価額は、次の計算式により計算します。

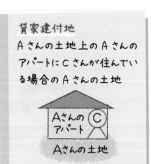

貸家建付地
Aさんの土地上のAさんのアパートにCさんが住んでいる場合のAさんの土地

> 貸家建付地の評価額
> ＝自用地評価額×（1－借地権割合×借家権割合×賃貸割合）

高額の相続税で相続人が困らないように 宅地の評価額が減額される制度

　被相続人の居住用や事業用であった宅地に高額な相続税がかかってしまった場合、遺族が相続税の納税のために自宅を手放さなければならなくなったり、事業を継続することができなくなったりしてしまうかもしれません。そこで、一定の要件を満たした宅地については、通常の評価額から一定割合の評価減を受けることができます。この制度を**小規模宅地等の課税価格の計算の特例**といいます。

　この制度の対象となる宅地には

・**特定居住用宅地等**　←被相続人が住んでいた自宅の宅地を配偶者が取得した場合や同居親族が取得した場合など

・**特定事業用宅地等**　←被相続人が事業をしていた宅地を一定の親族が取得し、事業を引き継いだ場合など

・**貸付事業用宅地等**　←被相続人が貸付事業をしていた宅地を一定の親族が取得した場合

があり、特定居住用宅地等に該当した場合、330㎡までの部分について通常の評価額から80％を減額することができます。

小規模宅地等の課税価格の計算の特例

	減額割合	限度面積
特定居住用宅地等	80％	330㎡
特定事業用宅地等	80％	400㎡
貸付事業用宅地等	50％	200㎡

宅地以外の評価について ちょっと見てみよう！

宅地以外の財産の評価については、次のとおりです。

◇建物の評価

建物のうち、自用家屋は固定資産税評価額で評価します。

> 自用家屋の評価額＝固定資産税評価額×1.0

貸家については、借家権割合と賃貸割合を考慮して評価します。

> 貸家の評価額＝固定資産税評価額×（1−借家権割合×賃貸割合）

◇株式の評価

株式のうち、上場株式については、

6月14日に相続が開始した場合は…

❶ 課税時期（相続開始時）の最終価格 ←←←←←←←←←←←←←← 6月14日
❷ 課税時期の属する月の毎日の最終価格の平均 ←←←←←← 6月
❸ 課税時期の属する月の前月の毎日の最終価格の平均 ←← 5月
❹ 課税時期の属する月の前々月の毎日の最終価格の平均 ← 4月

のうち、いずれか**最も低い価格**で評価します。

また、上場していない株式（取引相場のない株式）については、

・類似業種比準方式 ┐
　　　　　　　　　　├←原則的評価方法（同族株主が取得した場合）
・純資産価額方式 ┘

・配当還元方式 ←特例的評価方法（同族株主以外の株主が取得した場合）

の3つの評価方法があります。

同族株主
経営権のある同族（親族など）
の株主グループ

234

上場していない株式の評価

類似業種比準方式	上場している類似業種企業の株価をもとにして、配当、利益、純資産の3つの要素を加味して評価額を算定する方法
純資産価額方式	その会社の純資産額を相続税評価額(時価)で評価して、それを発行済株式数で割ることによって、1株あたりの評価額を算定する方法
配当還元方式	その会社の直前2期間の配当金額をもとに評価額を算定する方法

　どの評価方法で算定するかは、誰が取得したかや、会社の規模によって異なります。

◇ゴルフ会員権の評価

　ゴルフ会員権は**通常の取引価額の70%**で評価します。

◇生命保険契約に関する権利の評価

　相続開始時において、まだ保険事故が発生していない生命保険契約に関する権利の価格は、**解約返戻金相当額**で評価します。

> 生命保険契約に関する権利
> 被相続人がまだ生きていればもらったであろう解約返戻金や満期保険金を受け取る権利

◇預貯金の評価

　普通預金については、**預入残高**で評価します。

　また、定期預金については、経過利息と源泉徴収税額を加減した額で評価します。

> 定期預金の評価額＝預入残高＋(既経過利息－源泉徴収税額)

FP3級学科試験にチャレンジ！

　FP3級の試験は、学科試験と実技試験に分かれており、それぞれ6割以上の正答で合格とされています（学科試験と実技試験の両方に合格して3級の資格が得られます）。

　このうち、学科試験は各科目（本書におけるSubject 1〜6の科目）から、〇✕問題が各5問、三答択一問題が各5問、合計60問出題されます。

　本書は、FP試験の「はじめの一歩」ではありますが、本書の内容で学科試験の問題がかなり解けるレベルのものです。

　そこで、2024年1月試験（学科）のうち、6割分の問題をここに掲載しましたので、ぜひチャレンジしてみてください。

※　2024年4月以降、3級はCBT方式（コンピュータを使った試験）で実施されています。

次の各文章を読んで、正しいものまたは適切なものには○を、誤っているものまたは不適切なものには×を記入しなさい。

問 題

Subject 1 ライフプランニングと資金計画より

2 労働者災害補償保険の保険料は、労働者と事業主が折半で負担する。

3 国民年金の学生納付特例制度の適用を受けた期間に係る保険料のうち、追納することができる保険料は、追納に係る厚生労働大臣の承認を受けた日の属する月前 10 年以内の期間に係るものに限られる。

4 遺族基礎年金を受給することができる遺族は、国民年金の被保険者等の死亡の当時、その者によって生計を維持され、かつ、所定の要件を満たす「子のある配偶者」または「子」である。

Subject 2 リスクマネジメントより

8 少額短期保険業者と契約した少額短期保険の保険料は、所得税の生命保険料控除の対象とならない。

9 家族傷害保険（家族型）において、保険期間中に契約者（＝被保険者本人）に子が生まれた場合、その子を被保険者に加えるためには追加保険料を支払う必要がある。

10 自動車損害賠償責任保険（自賠責保険）では、他人の自動車や建物などの財物を損壊し、法律上の損害賠償責任を負担することによって被る損害は補償の対象とならない。

解答解説

答 ×　労災保険の保険料は全額事業主が負担します。　　Topic8 参照

答 ○　国民年金の保険料の免除または猶予を受けた期間の保険料は、10年以内であればあとから納付（追納）することができます。　　Topic10 参照

答 ○　遺族基礎年金を受給できる遺族は、国民年金の被保険者の死亡当時、その人に生計を維持されていた子または子のある配偶者です。　　Topic13 参照

答 ○　少額短期保険の保険料は、生命保険料控除の対象となりません。　　Topic4 参照

答 ×　家族傷害保険において、保険期間中に生まれた契約者の子は自動的に被保険者となります。追加保険料を支払う必要はありません。　　Topic8 参照

答 ○　自賠責保険では、対人賠償事故（人身事故）のみが補償の対象となります。対物補償はありません。　　Topic7 参照

付録

FP3級学科試験にチャレンジ！

239

11 日本銀行の金融政策の1つである公開市場操作（オペレーション）のうち、国債買入オペは、日本銀行が長期国債（利付国債）を買い入れることによって金融市場に資金を供給するオペレーションである。

----

13 元金 2,500,000 円を、年利 4%（1 年複利）で 3 年間運用した場合の元利合計額は、税金や手数料等を考慮しない場合、2,812,160 円である。

----

15 日本国内に本店のある銀行の国内支店に預け入れた外貨預金は、元本1,000 万円までとその利息が預金保険制度による保護の対象となる。

----

17 個人が賃貸アパートの敷地および建物を売却したことにより生じた所得は、不動産所得となる。

----

18 所得税において、納税者の合計所得金額が 1,000 万円を超えている場合、医療費控除の適用を受けることができない。

----

19 所得税において、その年の 12 月 31 日時点の年齢が 16 歳未満である扶養親族は、扶養控除の対象となる控除対象扶養親族に該当しない。

解答解説

 答 ○
国債買入オペ（買いオペ）は、日本銀行が国債を買い入れて、お金を払うことによって、市場に出回る資金量を増やすことをいいます。 **Topic2 参照**

 答 ○
元金 2,500,000 円を年利 4％の 1 年複利で 3 年間運用した場合の元利合計金額は次のようになります。 **Topic4 参照**
　　元利合計（1 年目）：2,500,000 円×（1 ＋ 0.04）=2,600,000 円
　　元利合計（2 年目）：2,600,000 円×（1 ＋ 0.04）=2,704,000 円
　　元利合計（3 年目）：2,704,000 円×（1 ＋ 0.04）=2,812,160 円

 答 ✕
外貨預金は、預金保険制度の保護の対象外です。 **Topic3 参照**

 答 ✕
建物や土地の売却によって生じた所得は、譲渡所得となります。 **Topic3 参照**

 答 ✕
医療費控除の適用には、所得要件はありません。 **Topic5 参照**

 答 ○
16 歳未満の扶養親族は、扶養控除の対象となりません。 **Topic5 参照**

問 題

21 不動産の登記記録において、所有権の移転に関する事項は、権利部（甲区）に記録される。

22 宅地建物取引業法によれば、宅地または建物の売買の媒介契約のうち、専任媒介契約を締結した宅地建物取引業者は、依頼者に対し、当該契約に係る業務の処理状況を 2 カ月に 1 回以上報告しなければならない。

23 建築基準法によれば、建築物が防火地域および準防火地域にわたる場合、原則として、その全部について、敷地の過半が属する地域内の建築物に関する規定が適用される。

27 相続において、養子の法定相続分は、実子の法定相続分の2分の1となる。

28 相続税額の計算上、被相続人が生前に購入した墓碑の購入代金で、相続開始時において未払いであったものは、債務控除の対象となる。

29 相続税額の計算上、遺産に係る基礎控除額を計算する際の法定相続人の数は、相続人のうちに相続の放棄をした者がいる場合であっても、その放棄がなかったものとしたときの相続人の数とされる。

解答解説

所有権に関する事項は、権利部（甲区）に記録されます。 Topic2 参照

専任媒介契約では、宅地建物取引業者は、依頼者に対し、業務の処理状況を2週間に1回以上報告しなければなりません。 Topic3 参照

建築物が防火地域と準防火地域にわたる場合、その全部について、防火地域（厳しいほう）の規定が適用されます。 Topic7 参照

養子の相続分は実子の相続分と同じです。 Topic2 参照

被相続人が生前に購入した墓碑の未払金は債務控除の対象となりません。 Topic5 参照

遺産に係る基礎控除額を計算するさいの法定相続人の数は、相続を放棄した人がいた場合でも、放棄がなかったものとしたときの相続人の数とされます。 Topic6 参照

問 題

Subject 1 ライフプランニングと資金計画より

31 毎年一定金額を積み立てながら、一定の利率で複利運用した場合の一定
期間経過後の元利合計額を試算する際、毎年の積立額に乗じる係数は、
（　　）である。
- (1) 資本回収係数
- (2) 年金終価係数
- (3) 減債基金係数

---

32 退職により健康保険の被保険者資格を喪失した者で、喪失日の前日までに
継続して（①）以上被保険者であった者は、所定の申出により、最長で
（②）、健康保険の任意継続被保険者となることができる。
- (1) ① 1 カ月　　② 2 年間
- (2) ① 2 カ月　　② 1 年間
- (3) ① 2 カ月　　② 2 年間

---

34 確定拠出年金の個人型年金の老齢給付金を 60 歳から受給するためには、
通算加入者等期間が（　　）以上なければならない。
- (1) 10 年
- (2) 15 年
- (3) 20 年

解答解説

答 (2) 毎年一定額を積み立てていったとき、一定期間後の合計額がいくらになるかを計算するときは年金終価係数を使います。　Topic3 参照

答 (3) 健康保険に継続して2カ月以上加入しており、退職後20日以内に申請すれば、退職後2年間、健康保険の任意継続被保険者となることができます。　Topic6 参照

答 (1) 確定拠出年金の通算の加入期間が10年以上ある人は、60歳から老齢給付金を受給することができます。　Topic14 参照

付録

FP3級学科試験にチャレンジ！

問 題

Subject 2　リスクマネジメントより

36 生命保険の保険料は、純保険料および付加保険料で構成されており、このうち付加保険料は、（　　　）に基づいて計算される。

(1) 予定利率

(2) 予定死亡率

(3) 予定事業費率

37 国内で事業を行う生命保険会社が破綻した場合、生命保険契約者保護機構による補償の対象となる保険契約については、高予定利率契約を除き、（①）の（②）まで補償される。

(1) ① 既払込保険料相当額　② 70%

(2) ① 死亡保険金額　　　　② 80%

(3) ① 責任準備金等　　　　② 90%

39 所得税において、個人が支払う地震保険の保険料に係る地震保険料控除は、原則として、（①）を限度として年間支払保険料の（②）が控除額となる。

(1) ① 5万円　　　② 全額

(2) ① 5万円　　　② 2分の1相当額

(3) ① 10万円　　② 2分の1相当額

Subject 3　金融資産運用より

43 表面利率（クーポンレート）4%、残存期間5年の固定利付債券を額面100円当たり104円で購入した場合の最終利回り（年率・単利）は、（　　　）である。なお、税金等は考慮しないものとし、計算結果は表示単位の小数点以下第3位を四捨五入している。

(1) 3.08%

(2) 3.20%

(3) 3.33%

解答解説

答 (3) 生命保険の保険料は、純保険料と付加保険料で構成されており、純保険料は予定死亡率と予定利率をもとに計算され、付加保険料は予定事業費率をもとに計算されます。
Topic2 参照

答 (3) 国内の生命保険会社が破綻した場合、生命保険契約者保護機構によって、破綻時の責任準備金等の90%まで補償されます。
Topic1 参照

答 (1) 所得税における地震保険料控除は、5万円を限度として、年間支払保険料の全額が控除額となります。
Topic9 参照

答 (1) 最終利回りは、すでに発行されている債券を時価で購入し、償還まで所有した場合の利回りです。
Topic5 参照

分子：$4+\dfrac{100\,円-104\,円}{5\,年}=3.2\,円$

分母：104 円

最終利回り：$\dfrac{3.2\,円}{104\,円}\times100 ≒ 3.08\%$

44 株式の投資指標のうち、（　　）は、株価を1株当たり当期純利益で除して算出される。
- (1) PBR
- (2) PER
- (3) BPS

45 異なる2資産からなるポートフォリオにおいて、2資産間の相関係数が（　　）である場合、分散投資によるリスクの低減効果は最大となる。
- (1) ＋1
- (2) 　0
- (3) －1

Subject 4 タックスプランニングより

46 所得税において、病気で入院したことにより医療保険の被保険者が受け取った入院給付金は、（　　）とされる。
- (1) 非課税所得
- (2) 一時所得
- (3) 雑所得

49 所得税において、納税者の合計所得金額が2,400万円以下である場合、基礎控除の控除額は、（　　）である。
- (1) 38万円
- (2) 48万円
- (3) 63万円

解答解説

答 (2) 株価を1株あたり当期純利益で割って算出される指標は PER です。

Topic6 参照

答 (3) 相関係数は−1から1の間で動き、相関係数が−1である場合に、分散投資によるリスクの低減効果が最大となります。

Topic9 参照

答 (1) 病気で入院したことによって受け取った入院給付金は非課税所得となります。

Topic1 参照

答 (2) 納税者の合計所得金額が 2,400 万円以下である場合の基礎控除の控除額は 48 万円です。

Topic5 参照

問 題

50 年末調整の対象となる給与所得者は、所定の手続により、年末調整で所得税の（　　　）の適用を受けることができる。

 (1)　雑損控除

 (2)　寄附金控除

 (3)　小規模企業共済等掛金控除

Subject5 不動産より

51 宅地に係る固定資産税評価額は、原則として、（ ① ）ごとの基準年度において評価替えが行われ、前年の地価公示法による公示価格等の（ ② ）を目途として評定される。

 (1)　① 3 年　　② 70%

 (2)　① 3 年　　② 80%

 (3)　① 5 年　　② 80%

---

52 都市計画法によれば、市街化調整区域は、（　　　）とされている。

 (1)　既に市街地を形成している区域

 (2)　市街化を抑制すべき区域

 (3)　優先的かつ計画的に市街化を図るべき区域

---

55 所得税額の計算において、個人が土地を譲渡したことによる譲渡所得が長期譲渡所得に区分されるためには、土地を譲渡した年の 1 月 1 日における所有期間が（　　　）を超えていなければならない。

 (1)　　5 年

 (2)　 10 年

 (3)　 20 年

解答解説

雑損控除、医療費控除、寄附金控除の適用を受けるためには、確定申告をしなければなりませんが、小規模企業共済等掛金控除は年末調整で適用を受けることができます。 **Topic2 参照**

固定資産税評価額は、3年ごとに評価替えが行われます。また、評価割合は公示価格の70%です。 **Topic1 参照**

市街化調整区域は、市街化を抑制すべき区域とされています。 **Topic6 参照**

土地を譲渡した年の1月1日における所有期間が5年を超えている場合、長期譲渡所得に分類されます。 **Topic10 参照**

問 題

56 贈与税の申告書は、原則として、贈与を受けた年の翌年の（ ① ）から 3 月 15 日までの間に、（ ② ）の住所地を所轄する税務署長に提出しなければならない。

- (1) ① 2 月 1 日　　② 受贈者
- (2) ① 2 月 1 日　　② 贈与者
- (3) ① 2 月 16 日　　② 贈与者

57 贈与税の配偶者控除は、婚姻期間が（ ① ）以上である配偶者から居住用不動産または居住用不動産を取得するための金銭の贈与を受け、所定の要件を満たす場合、贈与税の課税価格から基礎控除額のほかに最高で（ ② ）を控除することができる特例である。

- (1) ① 10 年　　② 2,000 万円
- (2) ① 20 年　　② 2,000 万円
- (3) ① 20 年　　② 2,500 万円

59 相続税額の計算上、死亡退職金の非課税金額の規定による非課税限度額は、「（ 　　 ）×法定相続人の数」の算式により算出される。

- (1) 500 万円
- (2) 600 万円
- (3) 1,000 万円

解答解説

 答 (1) 贈与税の申告書は、原則として、贈与を受けた年の翌年の2月1日から3月15日までの間に、受贈者の住所地を所轄する税務署長に提出しなければなりません。

Topic9 参照

 答 (2) 贈与税の配偶者控除は、婚姻期間が20年以上である配偶者から居住用不動産または居住用不動産を取得するための金銭の贈与を受けた場合、贈与税の課税価格から基礎控除額(110万円)のほかに最高で2,000万円を控除することができる特例です。

Topic9 参照

 答 (1) 死亡退職金の非課税限度額は、「500万円×法定相続人の数」で計算します。

Topic5 参照

付録2

模擬試験プログラムにチャレンジ！

本書を読んでみて「FP3級を受検してみようかな」と思ったら、CBT方式の模擬試験プログラムに挑戦してみてください。学科1回分、実技各1回分を収録していて、提供期間中は何度でも使うことができます。

※提供期間は2025年6月末日までです。
※本プログラムはTAC出版が独自に製作したものです。実際の試験とは異なる場合がございます。また、内容は予告なく変更される場合があります。ご了承ください。

「模擬試験プログラム」へのアクセス方法

TAC出版　🔍
で検索

▼

 書籍連動ダウンロードサービス
にアクセス

▼

250611178
パスワードを入力

（免責事項）

(1) 本アプリの利用にあたり、当社の故意または重大な過失によるもの以外で生じた損害、及び第三者から利用者に対してなされた損害賠償請求に基づく損害については一切の責任を負いません。

(2) 利用者が使用する対応端末は、利用者の費用と責任において準備するものとし、当社は、通信環境の不備等による本アプリの使用障害については、一切サポートを行いません。

(3) 当社は、本アプリの正確性、健全性、適用性、有用性、動作保証、対応端末への適合性、その他一切の事項について保証しません。

(4) 各種本試験の申込、試験申込期間などは、必ず利用者自身で確認するものとし、いかなる損害が発生した場合であっても当社では一切の責任を負いません。

（推奨デバイス）PC・タブレット
（推奨ブラウザ）Microsoft Edge 最新版／Google Chrome 最新版／Safari 最新版

詳細は、下記URLにてご確認ください。
https://tac-fp.com/login

索 引

さ 行

索引

索
引

【著者】
滝澤ななみ（たきざわ・ななみ）

簿記、ＦＰ、宅建士など多くの資格書を執筆している。主な著書は
『スッキリわかる日商簿記』１～３級（15年連続全国チェーン売上第
１位※1）、『みんなが欲しかった！簿記の教科書・問題集』日商２・
３級、『みんなが欲しかった！ＦＰの教科書』２・３級（10年連続売
上第１位※2）、『みんなが欲しかった！ＦＰの問題集』２・３級、『み
んなが欲しかった！宅建士の教科書』、『みんなが欲しかった！宅建士の問題集』など。

※1　紀伊國屋書店PubLine/三省堂書店/丸善ジュンク堂書店　2009年1月～2023年12月（各社調べ、50音順）

※2　紀伊國屋書店PubLine調べ　2014年1月～2023年12月

〈ホームページ〉『滝澤ななみのすすめ！』
URL：https://takizawananami-susume.jp/

・装丁・本文デザイン：Malpu Design（宮崎萌美）
・装画・本文イラスト：イケナオミ

2024－2025年版
みんなが欲しかった！　FP合格へのはじめの一歩

2024年6月10日　初　版　第1刷発行

著　者	滝　澤　な　な　み
発 行 者	多　田　敏　男
発 行 所	TAC株式会社　出版事業部 （TAC出版）

〒101-8383
東京都千代田区神田三崎町3-2-18
電話 03(5276)9492(営業)
FAX 03(5276)9674
https://shuppan.tac-school.co.jp

組　版	有限会社　マーリンクレイン
印　刷	株式会社　光　邦
製　本	東京美術紙工協業組合

© Nanami Takizawa 2024　　Printed in Japan

ISBN 978-4-300-11178-9
N.D.C. 338

魅惑のパーソナルファイナンスの世界を感じられる無料オンラインセミナーです！

「多くの方が不安に感じる年金問題」「相続トラブルにより増加する空き家問題」
「安全な投資で資産を増やしたいというニーズ」など、社会や個人の様々な問題の解決に、
ファイナンシャルプランナーの知識は非常に役立ちます。
長年、ファイナンシャルプランニングの現場で顧客と向き合い、
夢や目標を達成するためのアドバイスをしてきたベテランFPのTAC講師陣が、
無料のオンラインセミナーで魅力的な知識を特別にお裾分けします。
とても面白くためになる内容です！
無料のオンラインセミナーですので、気軽にご参加いただけます。
ぜひ一度視聴してみませんか？　皆様の世界が広がる実感が持てるはずです。

皆様の **人生を充実させる**のに必要なコンテンツがぎっしり詰まった**オンラインセミナー**です！

参考 ▷ **過去に行ったテーマ例**

- 達人から学ぶ「不動産投資」の極意
- 老後に役立つ個人年金保険
- 医療費をたくさん払った場合の節税対策
- 基本用語を分かりやすく解説 NISA
- 年金制度と住宅資産の活用法
- FP試験電卓活用法
- 1級・2級本試験予想セミナー
- 初心者でもできる投資信託の選び方
- 安全な投資のための商品選びのチェックポイント
- 1級・2級頻出論点セミナー

- そろそろ家を買いたい！実現させるためのポイント
- 知らないと損する！社会保険と公的年金の押さえるべきポイント
- 危機、災害に備える家計の自己防衛術を伝授します
- 一生賃貸で大丈夫？老後におけるリスクと未然の防止策
- 住宅購入時の落とし穴！購入後の想定外のトラブル
- あなたに必要な保険の見極め方
- ふるさと納税をやってみよう♪ぴったりな寄付額をチェック

TAC出版 書籍のご案内

TAC出版では、資格の学校TAC各講座の定評ある執筆陣による資格試験の参考書をはじめ、資格取得者の開業法や仕事術、実務書、ビジネス書、一般書などを発行しています!

TAC出版の書籍
*一部書籍は、早稲田経営出版のブランドにて刊行しております。

資格・検定試験の受験対策書籍

- ✿日商簿記検定
- ✿建設業経理士
- ✿全経簿記上級
- ✿税　理　士
- ✿公認会計士
- ✿社会保険労務士
- ✿中小企業診断士
- ✿証券アナリスト

- ✿ファイナンシャルプランナー(FP)
- ✿証券外務員
- ✿貸金業務取扱主任者
- ✿不動産鑑定士
- ✿宅地建物取引士
- ✿賃貸不動産経営管理士
- ✿マンション管理士
- ✿管理業務主任者

- ✿司法書士
- ✿行政書士
- ✿司法試験
- ✿弁理士
- ✿公務員試験(大卒程度・高卒者)
- ✿情報処理試験
- ✿介護福祉士
- ✿ケアマネジャー
- ✿電験三種　ほか

実務書・ビジネス書

- ✿会計実務、税法、税務、経理
- ✿総務、労務、人事
- ✿ビジネススキル、マナー、就職、自己啓発
- ✿資格取得者の開業法、仕事術、営業術

一般書・エンタメ書

- ✿ファッション
- ✿エッセイ、レシピ
- ✿スポーツ
- ✿旅行ガイド (おとな旅プレミアム/旅コン)

FP（ファイナンシャル・プランナー）対策書籍のご案内

TAC出版のFP（ファイナンシャル・プランニング）技能士対策書籍は金財、日本FP協会それぞれに対応したインプット用テキスト、アウトプット用テキスト、インプット＋アウトプット一体型教材、直前予想問題集の各ラインナップで、受検生の多様なニーズに応えていきます。

みんなが欲しかった！シリーズ

『みんなが欲しかった！FPの教科書』
- ●1級 学科基礎・応用対策　●2級・AFP　●3級
- 1級：滝澤ななみ 監修・TAC FP講座 編著・A5判・2色刷
- 2・3級：滝澤ななみ 編著・A5判・4色オールカラー
- ■ イメージがわきやすい図解と、シンプルでわかりやすい解説で、短期間の学習で確実に理解できる！動画やスマホ学習に対応しているのもポイント。

『みんなが欲しかった！FPの問題集』
- ●1級 学科基礎・応用対策　●2級・AFP　●3級
- 1級：TAC FP講座 編著・A5判・2色刷
- 2・3級：滝澤ななみ 編著・A5判・2色刷
- ■ 無駄をはぶいた解説と、重要ポイントのまとめによる「アウトプット→インプット」学習で、知識を完全に定着。

『みんなが欲しかった！FPの予想模試』
- ●3級　TAC出版編集部 編著
- 滝澤ななみ 監修・A5判・2色刷
- ■ 出題が予想される厳選模試を学科3回分、実技2回分掲載。さらに新しい出題テーマにも対応しているので、本番前の最終確認に最適。

『みんなが欲しかった！FP合格へのはじめの一歩』
- 滝澤ななみ 編著・A5判・4色オールカラー
- ■ FP3級に合格できて、自分のお金ライフもわかっちゃう。本気でやさしいお金の入門書。自分のお金を見える化できる別冊お金ノートつきです。

わかって合格るシリーズ

『わかって合格るFPのテキスト』
- ●3級　TAC出版編集部 編著
- A5判・4色オールカラー
- ■ 圧倒的なカバー率とわかりやすさを追求したテキストさらに人気YouTuberが監修してポイント解説をしてくれます。

『わかって合格るFPの問題集』
- ●3級　TAC出版編集部 編著
- A5判・2色刷
- ■ 過去問題を徹底的に分析し、豊富な問題数で合格をサポート！さらに人気YouTuberが監修しているので、わかりやすさも抜群。

スッキリシリーズ

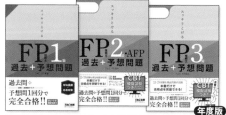

『スッキリわかる FP技能士』
- ●1級 学科基礎・応用対策　●2級・AFP　●3級
- 白鳥光良 編著・A5判・2色刷
- ■ テキストと問題集をコンパクトにまとめたシリーズ。繰り返し学習を行い、過去問の理解を中心とした学習を行えば、合格ラインを超える力が身につきます！

『スッキリとける 過去＋予想問題 FP技能士』
- ●1級 学科基礎・応用対策　●2級・AFP　●3級
- TAC FP講座 編著・A5判・2色刷
- ■ 過去問の中から繰り返し出題される良問で基礎力を養成し、学科・実技問題の重要項目をマスターできる予想問題で解答力を高める問題集。

書籍の正誤に関するご確認とお問合せについて

書籍の記載内容に誤りではないかと思われる箇所がございましたら、以下の手順にてご確認とお問合せをしてくださいますよう、お願い申し上げます。

なお、正誤のお問合せ以外の**書籍内容に関する解説および受験指導などは、一切行っておりません。**
そのようなお問合せにつきましては、お答えいたしかねますので、あらかじめご了承ください。

1 「Cyber Book Store」にて正誤表を確認する

TAC出版書籍販売サイト「Cyber Book Store」の
トップページ内「正誤表」コーナーにて、正誤表をご確認ください。

CYBER TAC出版書籍販売サイト
BOOK STORE

URL：https://bookstore.tac-school.co.jp/

2 1の正誤表がない、あるいは正誤表に該当箇所の記載がない
⇒ 下記①、②のどちらかの方法で文書にて問合せをする

★ご注意ください★

お電話でのお問合せは、お受けいたしません。

①、②のどちらの方法でも、お問合せの際には、「お名前」とともに、
「対象の書籍名（○級・第○回対策も含む）およびその版数（第○版・○○年度版など）」
「お問合せ該当箇所の頁数と行数」
「誤りと思われる記載」
「正しいとお考えになる記載とその根拠」
を明記してください。

なお、回答までに1週間前後を要する場合もございます。あらかじめご了承ください。

① ウェブページ「Cyber Book Store」内の「お問合せフォーム」より問合せをする

【お問合せフォームアドレス】

https://bookstore.tac-school.co.jp/inquiry/

② メールにより問合せをする

【メール宛先　TAC出版】

syuppan-h@tac-school.co.jp

※**土日祝日はお問合せ対応をおこなっておりません。**
※**正誤のお問合せ対応は、該当書籍の改訂版刊行月末日までといたします。**

乱丁・落丁による交換は、該当書籍の改訂版刊行月末日までといたします。なお、書籍の在庫状況等により、お受けできない場合もございます。

また、各種本試験の実施の延期、中止を理由とした本書の返品はお受けいたしません。返金もいたしかねますので、あらかじめご了承くださいますようお願い申し上げます。

（2022年7月現在）

お金ノート

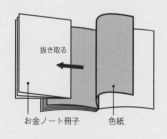

抜き取る

お金ノート冊子　　色紙

以下の「お金ノート」は、この色紙を
残したままていねいに抜き取って冊子
としてご利用ください。
抜取りのさいの損傷についてのお取替
えはご遠慮願います。

お金ノート

自分のお金のこと、わかっていますか？
将来のお金の不安を解消するためには
まずは現状を知ることが大切です
ＦＰ試験で学習する内容を使って
自分（家族）のお金のこと、整理してみましょう

キャッシュフロー表の作成

家族のイベント、収入と支出を記入して
年間収支と貯蓄残高を計算してみましょう

西暦（★1）									
経過年数	現在	1年後	2年後	3年後	4年後	5年後	6年後	7年後	8年後
家族の年齢									
（　　　　）の年齢	歳								
（　　　　）の年齢	歳								
（　　　　）の年齢	歳								
（　　　　）の年齢	歳								
（　　　　）の年齢	歳								
家族のイベント（★2）									
収入（★3）									
（　　　　）の収入	万円								
（　　　　）の収入	万円								
その他の収入	万円								
収入合計…❶	万円								
支出									
基本生活費	万円								
住居費	万円								
教育費	万円								
保険料	万円								
車関連	万円								
その他（　　　）	万円								
その他（　　　）	万円								
支出合計…❷	万円								
年間収支…❶−❷	万円								
貯蓄残高（★4）	万円								

★ 1 …西暦を記入します
★ 2 …「長女小学校入学」「住宅取得」など、家族のイベントを記入します
★ 3 …収入は可処分所得（レッスン2参照）を記入します
★ 4 …貯蓄残高は「前年の貯蓄残高±年間収支」で計算します
年間収支や貯蓄残高が赤字になるときは、金額の前に「△」をつけましょう
本来は変動率を加味しますが、ここでは計算しやすいように変動率は0とします

| 記入日 | | 年 | 月 | 日 |

（単位：万円）

9年後	10年後	11年後	12年後	13年後	14年後	15年後	16年後	17年後	18年後	19年後	20年後

2 可処分所得の計算

1年間の収入金額から所得税、住民税、社会保険料を差し引いて年間の可処分所得を計算しましょう

計算したら、**レッスン1**の収入欄に記入しましょう

記入日		年 月 日

	自分	配偶者	合計
❶ 収入金額	万円	万円	万円
❷ 所得税	万円	万円	万円
❸ 住民税	万円	万円	万円
❹ 社会保険料	万円	万円	万円
❺ 可処分所得 ❶−（❷+❸+❹）	レッスン1へ　万円	レッスン1へ　万円	万円

個人バランスシートの作成

現時点の一家の資産と負債を洗い出して
「資産合計－負債合計」で純資産を計算しましょう

> 試験では
> 単位は「万円」で
> 出題されますが
> ここでは単位は「円」で
> 記入してみましょう

記入日	年 月 日

資産		負債	
現金	円	住宅ローン	円
普通預金	円	自動車ローン	円
定期預金	円	教育ローン	円
その他の預金	円	その他 （　　　　）	円
生命保険など の解約返戻金	円	その他 （　　　　）	円
株式	円	その他 （　　　　）	円
債券	円	❷ 負債合計	円
投資信託	円		
その他の 金融資産	円		
住宅	円	❸ 純資産 （❶－❷）	
車	円		
その他 （　　　　）	円		円
❶ 資産合計	円	負債・ 純資産合計	円

レッスン4参照
レッスン6参照
レッスン5参照
レッスン7参照
レッスン8参照

4 預貯金の状況

口座のある金融機関と残高を書き出して整理しましょう
インターネットバンキングの口座についても記入します
外貨預金は円貨額で記入しましょう
計算したら、**レッスン3**の個人バランスシートに記入し
ましょう

記入日	年 月 日

金融機関名	支店名	預金の種類	名義人	残高
		普通・定期 その他(　　　)		円
		普通・定期 その他(　　　)		円
		普通・定期 その他(　　　)		円
		普通・定期 その他(　　　)		円
		普通・定期 その他(　　　)		円
		普通・定期 その他(　　　)		円
		普通・定期 その他(　　　)		円
		普通・定期 その他(　　　)		円
		普通・定期 その他(　　　)		円
		普通・定期 その他(　　　)		円
		普通預金の残高合計		レッスン3へ 円
		定期預金の残高合計		レッスン3へ 円
		その他の残高合計		レッスン3へ 円

金融資産の状況

株式、債券、投資信託など、金融資産の残高(時価)を記入
してみましょう
現時点の損益がわかれば、それも書いておくといいですね
計算したら、**レッスン3**の個人バランスシートに記入し
ましょう

記入日	年	月	日

分類	種類・銘柄等	取扱金融機関	時価等	評価損益
株式			円	円
株式			円	円
株式			円	円
株式			円	円
株式			円	円
株式合計			レッスン3へ 円	円
債券			円	円
債券			円	円
債券			円	円
債券合計			レッスン3へ 円	円
投資信託			円	円
投資信託			円	円
投資信託			円	円
投資信託合計			レッスン3へ 円	円
その他の金融資産 (　　　　)			円	円
その他の金融資産 (　　　　)			円	円
その他の金融資産 合計			レッスン3へ 円	円

保険の状況

・・・・・・・・・・・・

生命保険、医療保険、火災保険、自動車保険など、
契約している保険について記入しておきましょう
解約返戻金相当額の合計額を計算して、
レッスン3の個人バランスシートに記入しましょう

生命保険等	記入日　　年　　月　　日			
	1	**2**	**3**	**4**
保険会社名				
保険の種類				
契約者				
被保険者				
保険金の受取人				
死亡保険金	円	円	円	円
満期日				
満期保険金額	円	円	円	円
現時点の解約返戻金額	円	円	円	円
年間保険料	円	円	円	円
備考				

個人年金保険等

	1	2	3	4
保険会社名				
保険の種類				
契約者				
年金等受取 開始時				
受け取る 年金額等	円	円	円	円
現時点の 解約返戻金額	円	円	円	円
年間保険料	円	円	円	円
備考				

その他：医療保険、火災保険、自動車保険など

保険の種類	保険会社名	年間保険料	備考
		円	
		円	
		円	
		円	
		円	
		円	
		円	
		円	
		円	
		円	

不動産等の状況

所有する土地や建物、車、その他の資産について整理しておきましょう

現在の市場価額(いま売ったらいくらか＝時価)もわかったら記入して、**レッスン3**の個人バランスシートにも記入しましょう

記入日	年 月 日

	1	2	3
種　類	土地・建物・車 その他(　　　)	土地・建物・車 その他(　　　)	土地・建物・車 その他(　　　)
名義人			
取得価額 (購入価額)	円	円	円
現在の 市場価額	円	円	円
備　考			

ローン、借入金の状況

住宅ローン、自動車ローン、教育ローンなどの
ローンを含めた借入金の残高を記入しておきましょう
借入残高を**レッスン3**の個人バランスシートに記入しま
しょう

記入日	年 月 日

	1	2	3	4
種類	・住宅ローン ・自動車ローン ・教育ローン ・その他 （　　　　）	・住宅ローン ・自動車ローン ・教育ローン ・その他 （　　　　）	・住宅ローン ・自動車ローン ・教育ローン ・その他 （　　　　）	・住宅ローン ・自動車ローン ・教育ローン ・その他 （　　　　）
借入先				
借入日				
返済期限				
借入金額	円	円	円	円
借入残高	円	円	円	円
備考				

源泉徴収票からの読み取り

会社員の方は、自分の源泉徴収票を見ながら
いろいろな金額を読み取ってみましょう
ここでは一般的なケースのものだけ記載しています

記入日	年	月	日

【資料1】給与所得控除額

給与の収入金額	給与所得控除額
162.5万円以下	55 万円
162.5万円超　180　万円以下	収入金額×40% −　10万円
180　万円超　360　万円以下	収入金額×30% +　　8万円
360　万円超　660　万円以下	収入金額×20% +　44万円
660　万円超　850　万円以下	収入金額×10% +110万円
850　万円超	195万円（上限）

【資料2】所得税の速算表

課税所得金額		税率	控除額
	195万円以下	5 %	－
195万円超	330万円以下	10%	97,500円
330万円超	695万円以下	20%	427,500円
695万円超	900万円以下	23%	636,000円
900万円超	1,800万円以下	33%	1,536,000円
1,800万円超	4,000万円以下	40%	2,796,000円
4,000万円超		45%	4,796,000円

源泉徴収票では次のページの計算くらいをおさえておきましょう
なお、源泉徴収票の「源泉徴収税額」は
(6)の所得税額（算出税額）に復興特別所得税を足した金額です
2024 年分は定額控除額が控除されています
また、「住宅借入金等特別控除の額」がある場合は
その金額が控除されます

(1) 給与所得を計算してみましょう（給与収入が850万円以下の方）

【資料1】給与所得控除額より(計算式)

給与所得控除額： [　　　　　　　　　] ＝ [　　　　　　　] 円

給与所得　　：
給与収入
[　　　　] 円 － [　　　　] 円 ＝ ⓐ [　　　　] 円

↑
源泉徴収票の「給与所得控除後の
金額」と一致しましたか？
※給与収入が850万円超で
一定の方は調整控除額があるので
この金額とは異なることがあります

(2) あなたの基礎控除額は？ [　　　　　　] 円

(3) あなたの扶養控除額は？

一般扶養親族：38万円 × [　　] 人 ＝ [　　　　] 万円…❶

特定扶養親族：63万円 × [　　] 人 ＝ [　　　　] 万円…❷

老人扶養親族（同居老親）：58万円 × [　　] 人 ＝ [　　　　] 万円…❸

（同居以外）：48万円 × [　　] 人 ＝ [　　　　] 万円…❹

扶養控除：❶＋❷＋❸＋❹ ＝ [　　　　　] 万円

(4) あなたの所得控除額は？

基礎控除　　　　　　配偶者(特別)控除　　　　扶養控除　　　　　社会保険料等控除
[　　　] 円 ＋ [　　　] 円 ＋ [　　　] 円 ＋ [　　　] 円

生命保険料控除　　　地震保険料控除　　　その他(　　)控除
＋ [　　　] 円 ＋ [　　　] 円 ＋ [　　　] 円 ＝ ⓑ [　　　] 円

↑
源泉徴収票の「所得控除の額の
合計額」と一致しましたか？

(5) あなたの課税所得金額は？

給与所得控除後の金額　　所得控除の額の合計額　　　　　　　　千円未満切り捨て
ⓐ [　　] 円 － ⓑ [　　] 円 ＝ [　　] 円 → [　　,000] 円

(6) あなたの所得税の算出税額（復興特別所得税を除く）は？

(5)課税所得金額　　　　【資料2】所得税の速算表より
[　　,000] 円 × [　] ％ － [　　] 円 ＝ [　　] 00円

↑
自分の税率区分はおぼえておきましょう

13

法定相続人と法定相続分❶

家系図を完成させて、あなたが亡くなった場合の
法定相続人と法定相続分を確認しましょう
そのときの遺産に係る基礎控除額や
生命保険金等の非課税限度額も計算してみましょう

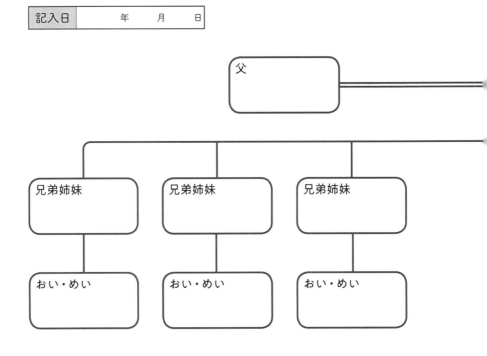

記入日	年 月 日

父

兄弟姉妹

兄弟姉妹

兄弟姉妹

おい・めい

おい・めい

おい・めい

(1) 枠内に名前を書きましょう

(2) すでに亡くなっている人には
　　×をつけておきましょう

(3) あなたが亡くなった場合の法定相続人
　　に★をつけましょう

【記入例】

子
太郎 $\dfrac{1}{4}$ ★

(4) (3) の各相続人の法定相続分を枠内に書いてみましょう

あなたがいま、亡くなった場合の

遺産に係る基礎控除額＝3,000万円＋600万円× ☐ 人＝ ☐ 万円

生命保険金等の非課税限度額＝500万円× ☐ 人＝ ☐ 万円

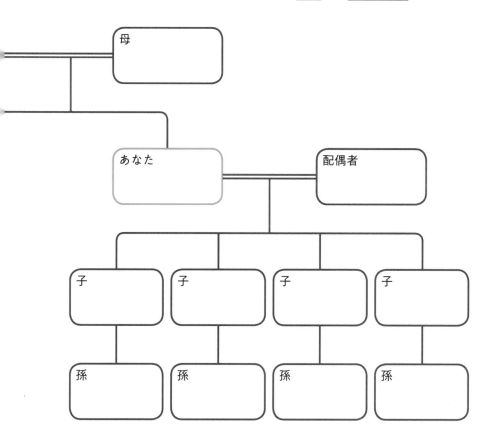

母

あなた　　　配偶者

子　　子　　子　　子

孫　　孫　　孫　　孫

法定相続人と法定相続分❷

こんどは、あなたのご両親（父か母）が亡くなった
場合の法定相続人と法定相続分を確認しましょう
そのときの遺産に係る基礎控除額や
生命保険金等の非課税限度額も計算してみましょう

| 記入日 | 年 | 月 | 日 |

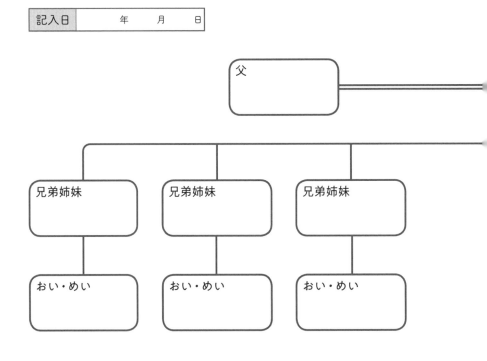

(1) 枠内に名前を書きましょう

(2) すでに亡くなっている人には×をつけておきましょう

(3) あなたのご両親（父か母）が亡くなった場合の法定相続人に★をつけましょう

(4) (3)の各相続人の法定相続分を枠内に書いてみましょう

あなたのご両親（父か母）がいま、亡くなった場合の

遺産に係る基礎控除額＝3,000万円＋600万円×□人＝□万円

生命保険金等の非課税限度額＝500万円×□人＝□万円

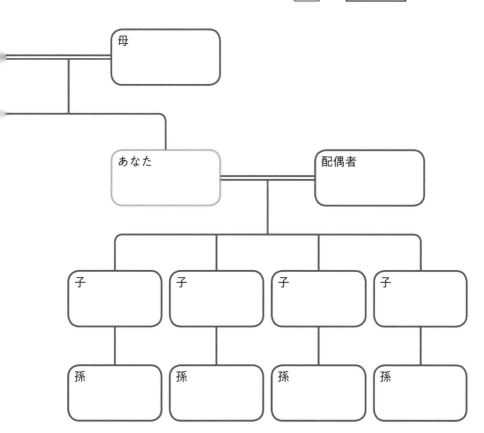